朱坤福◎著

中国商业出版社

图书在版编目（CIP）数据

直播带货实战技巧/朱坤福著.—北京：中国商业出版社，2023.12
ISBN 978-7-5208-2718-8

Ⅰ.①直… Ⅱ.①朱… Ⅲ.①网络营销 Ⅳ.①F713.365.2

中国国家版本馆 CIP 数据核字（2023）第 226777 号

责任编辑：管明林

中国商业出版社出版发行
（www.zgsycb.com 100053 北京广安门内报国寺 1 号）
总编室：010-63180647 编辑室：010-83114579
发行部：010-83120835/8286
新华书店经销
三河市三佳印刷装订有限公司印刷

*

880 毫米×1230 毫米 32 开 7.75 印张 150 千字
2023 年 12 月第 1 版 2023 年 12 月第 1 次印刷
定价：69.00 元

****

（如有印装质量问题可更换）

前言

2019年被一些媒体视为直播电商元年。各大平台都把直播卖货纳入自己的营销体系中，并在2019年双十一的直播中大放异彩。现在除了淘宝、抖音、快手之外，其他各个平台也纷纷采用了直播带货的营销模式。这种营销模式的最大优点是能够直观地向上百万人展示货品，做到了所见即所得。之前许多很少能得到充分展示的商品，也能在众目睽睽之下验证成色，给消费者更多信心。直播电商平台的带货类目从最开始的服饰、美妆、珠宝、食品，逐步扩展到了房、车、芯片等领域。直播带货成为短视频营销中冉冉升起的一颗新星，不光是那些已经拥有盛名的电商网红在做直播带货，许多名不见经传的凡人也在从事这个领域，后一群体中涌现出了一批新的直播带货网红。

除了商家之外，许多明星也纷纷开通直播间，向观众推荐自己代言的品牌产品，甚至还有不少扶贫干部和农村电商，为了推销农产品也采用了直播带货的手段，并取得了一定的成效。

从某种意义上说，直播带货在未来将成为万众创业的一种重要途径。但是直播带货实际上也是有门槛的，不是坐在镜头前跟网友说说话就能完成销售。凡是流量巨大的头部 KOL 带货主播，背后必定有一个勤奋而优秀的专业团队做后盾，帮主播打造个性人设，控制运营节奏，跟品牌商与供应链打交道。如果没有得到大平台的认可和流量支持，带货主播在直播间里连续几个小时展示产品、跟网友互动，也很难带动大众立即下单。

以淘宝直播为例，每天的直播多达数万场，数以万计的主播在带货，他们背后有上千个主播机构在运营。激烈的竞争使得有限的流量位置往往被少数头部网红主播和明星拿去，带货大军中的大多数人无法实现那种惊人的带货业绩。

为解决新主播的困惑，我们精心编撰了本书。如果你是从来没有接触过直播的新手，想要现在开始做直播，不用担心看不懂本书，因为书中的讲解非常细致。从对直播带货模式的分析，到选择直播平台、开播准备、心态修炼、布置直播间、学会直播话术和自身定位，到内容输出、引流方式、在直播间带货、爆款打造、凝聚粉丝，再到营销传播、流量变现、多方突破、延续爆款，书中都有细致的分析与讲解。保证你可以学到其中的精要，从一个直播新手快速成为一个直播达人。

朱坤福

2023 年 10 月于朱氏药业集团

目录

第一章 直播带货正当时,星火已成燎原势 001

1. 直播带货轰轰烈烈,"头部"主播独占鳌头 003
2. 从产地到用户,释放C端消费力 006
3. 解析直播带货背后的链条体系 011
4. 短视频内容营销现状及发展趋势 015
5. 洞见直播带货趋势,引领下一个十年 021

第二章 创新电子商务模式,提升消费体验 025

1. 低价秒杀是最经典的直播模式 027
2. 主播是用户与产品之间联系的纽带 029
3. 针对性地讲解展现产品更真实 032
4. 网络直播行业的"二八定律" 036

5. 企业直播营销：寻求增长新通道 …………………… 040

第三章 分析带货类型，感受直播发展动向 …………… 045

1. 最受企业欢迎的纯佣金带货模式 …………………… 047
2. 最受"头部"主播欢迎的服务费+佣金模式 ………… 050
3. 短视频+直播模式已成行业发展新引擎 …………… 053
4. 最受大品牌青睐的品牌曝光模式 …………………… 057

第四章 直播带货细思量，入局还须巧操作 …………… 061

1. 流量思维，网络营销时代的新风口 ………………… 063
2. 直播电商中的"人" …………………………………… 066
3. 直播电商中的"货" …………………………………… 070
4. 直播电商中的"场" …………………………………… 074
5. 复盘反思优劣，有效提升直播效果 ………………… 079
6. 根据不同段位，做好人、货、场排序 ……………… 081

第五章 修炼好心态，直播才能走得更长远 …………… 085

1. 调整好心态才能耐住性子 …………………………… 087
2. 聊天有内容，用户才愿意互动 ……………………… 092
3. 运用表情和动作调动直播间气氛 …………………… 097

目录

4. 主播如何对付黑粉 …… 099

5. 关注用户的反馈，优化直播过程 …… 106

6. 直播如戏，全凭演技 …… 110

第六章　展示特长内容，打造主播的形象 …… 115

1. 以才艺展示吸引更多人气 …… 117

2. 用生活气息让更多用户驻足 …… 120

3. 搞笑段子满足用户娱乐需求 …… 124

4. 聊天技巧让更多人喜欢你 …… 128

第七章　新人直播带货，准备工作要做好 …… 137

1. 进入直播行业的思想准备 …… 139

2. 选择适合自己的直播平台 …… 142

3. 直播带货前需要准备的硬件 …… 146

4. 做直播第一步是做脚本 …… 150

5. 合理搭配直播团队成员 …… 155

第八章　玩转直播引流，带货就这么简单 …… 159

1. 低价引流，保证质量是关键 …… 161

2. 官方直播推广，带来更多流量 …… 165

3. 蹭大主播热度，涨自己的粉 …………………………… 168

4. 构建账号矩阵，增加粉丝数量 ………………………… 171

5. 有效利用资源位，轻松获取流量 ……………………… 172

第九章 掌握带货规律，把产品打造成爆款 ………… 177

1. 直播带货，流量和客户是最重要的因素 ……………… 179

2. 打赢价格"心理战"，让用户觉得买得值 …………… 189

3. 作为带货主播，一定要体现出专业度 ………………… 192

4. 给出合理性建议，让用户感受到真诚 ………………… 198

第十章 看清带货套路，直播下单须防坑 …………… 203

1. 掌握直播技巧，快速赢得陌生人信任 ………………… 205

2. 改善观看体验，增加用户停留时间 …………………… 210

3. 围绕"痛点"开播，激发消费欲望 …………………… 213

4. 强调价格实惠，刺激更多用户下单 …………………… 218

5. 大方送出小礼物，巧用赠品提业绩 …………………… 223

6. 增强用户信心，打掉下单时的犹豫 …………………… 228

7. 你来我往连麦忙，增加自己关注度 …………………… 232

第一章

直播带货正当时,星火已成燎原势

第一章 直播带货正当时，星火已成燎原势

当下，从"头部"网红开启直播专场，再到一些企业家亲自上阵"试水"，直播带货行业一时间热闹非凡。值得称道的是，这种乘势而上、化危为机的方式，既可以扩大销售、稳定信心，也可以准确吸引买家，实现线上线下有效联动，全新的直播带货已经成为转型升级新风口。

1. 直播带货轰轰烈烈，"头部"主播独占鳌头

在新冠疫情期间，"宅经济"引爆了各行各业，传统业务不得不从线下转向线上发展，到处都是轰轰烈烈的直播带货。随着直播带货的日益火爆，主播们也收入惊人。

（1）直播带货让营销"飞"起来

在直播带货产品中，出镜率最高的是食品、女装、化妆品、生活用品和男装，这就是为什么零食和化妆品个股的股价屡创新高的原因。实际上，商品的种类成千上万，很多细分领域都拥有一些热爱者和专业者，如果能有更适合的表达、沟通和交流方式，那么直播带货就是一个不折不扣的风口。

为什么整个行业都在追逐这个风口呢？

首先，直播带货是一种最直接的变现方式。在流量为王的时代，拥有流量意味着拥有无限商机。直播带货作为一种新型

的营销方式，可以让主播在直播中展示商品，吸引消费者的关注并直接促成销售，从而实现最直接的变现。因此，直播带货已成为许多电商企业和主播们争相采用的营销手段。它将人们带入实时、互动的购物场景，增强了人们的购物体验，减少了商品的搜索过程，大大节约了用户的决策时间。此外，直播带货能够积累高黏度、高回购率的忠实用户，为企业带来更多的收益。

其次，直播带货已经成为构建业务闭环、促进平台内容生态系统发展的重要手段。直播带货对于各类产品都没有技术壁垒，因此越来越多的平台开始加入这一行列。有些平台只是通过直播来销售商品，而抖音、快手等平台则以构建商业闭环和可持续的内容生态系统为目标。这些平台通过直播带货，延长了用户的使用时间，集中了分散的流量，从而提高了用户的留存率。在购物过程中，如果用户可以边看短视频和直播边购物，就不需要再切换到其他的平台，这对于平台的发展非常有利。

随着5G、AR/VR等技术的不断发展，未来的直播体验将会越来越好，这也为直播带货提供了更好的支撑。可以说，这是一个充满机会的风口，只要能迅速站在风口上，就能获得巨大的商业机会。

(2) 带货业绩惊人的"头部"主播

"头部"主播，是指粉丝数量多、带货能力强的主播。他们有的为企业带来了几十亿元的市值增长，在各大平台上的收入相当可观。这说明有越来越多的企业愿意为网红的带货能力买单，同时也表明了用户的支付意识越来越成熟。

不管是"头部"主播还是"腰部"主播（粉丝量在中间、带货能力还可以的主播），人气越高，收入自然也越高，而提高人气的关键就是主播自身的带货能力。

直播已成为一种全新的沟通界面，它打破了自上而下的传播方式，以及企业、品牌层层筛选的信息传播模式，通过直播展示产品和发布新品等功能，品牌可以与消费者以更加平等的姿态进行互动和交流。

然而，不管是草根直播、网红直播，还是明星直播，都不应仅仅停留在营销层面，不能简单地将直播作为宣传工具使用，它应该是一种全新的品牌营销形式。通过直播向观众展示优质的内容，吸引他们的注意力，进而改变他们的生活方式，这是一种更加有价值的直播营销。

此外，原创、优质、专业的直播内容也成为品牌营销的新形式，它能使品牌呈现出更加专业的形象和气质。

2. 从产地到用户，释放C端消费力

直播带货直接促成了从产地到消费者的交易，解放了C端（互联网术语，意思指消费者、个人用户端。）的消费力，这就是它的价值所在。直播带货模式可以让产品快速直达C端，没有中间环节，并且成本低、性价比高，比如卖水果、卖海鲜等，模式简单明了，一目了然。

（1）直播带货越来越靠近货品源头

自2018年"双十二"之后，电商直播行业迎来了快速的发展，包括低价秒杀在内的多种直播模式保持着高速的更新迭代，还出现了直播达人、店铺直播、产地直播等多种新模式。在这一过程中，逐渐靠近货品源头成为一种趋势。

电商成功与否的一个关键因素是供应链是否完整，而直播则在此基础上对供应链提出了更高的要求。许多直播间每天都上新品，时尚主播可以每天直播十几家供应链基地，这是两周上一次新品的网红店所无法比拟的。这是直播主播和供应链共同成就的结果。

某新内容直播机构为我们提供了一个范例。他们在阿里

滨江园区租下了一栋楼,邀请了食品、美妆、生活用品等合作品牌入驻,与主播签约,提供全方位的供应链服务,"人、货、场"悉数到齐。整个产业链中也诞生了许多中小型服务商,他们为主播或企业提供的业务包括供应链、商务、场地、设备、技能培训等。在内容方面,他们拥有完善的主播体系;在供货方面,他们则有自主供应链、自主工厂和自创品牌,以及由此产生的自我生产补货、仓配销的能力;在场地方面,直播机构、网红机构、企业和供应链则完成了"四合一"。

实际上,当产业链的每个环节都成熟了以后,不仅上下游间的商业模式将会更加灵活和多元,稳定性也更好,而且产品还能够从产地直接到达消费者手里,C端的消费力将会得到最大限度的释放。

(2)"源头好货"策略:电商模式的创新

2019年10月,快手电商宣布推出"源头好货"的策略,主打源头好物,强调源头工厂直供和极致性价比。随后,在2020年,快手电商又推出了"超级品牌日",前7场活动的成交额达到了6.2亿元,吸引了很多大品牌在内的厂商加入,一时之间,品牌成为快手电商的重要组成部分。此外,快手电商还和大品牌建立了合作，推出了"品牌货"，这立刻成为快手电商的一大亮点。

快手电商的"源头好货"策略有四种类型。第一种是通过主播的力量将原产地的生鲜农产品等以实惠的价格带给用户；第二种是采用"平台+产业带基地+商户"的经营方式，将服装、玉器、食品、茶叶等产业集聚区的货源和商品直接呈现给消费者；第三种是主播或企业直接以高性价比的方式将工厂货源呈现给用户；第四种是联合主播和机构孵化出更多的快手达人品牌，提高用户对原创品牌的认知度和信任感。

快手电商主打的"源头好货"，可以提供便宜的批发价，并保证货源地的真实性，所以用户才会选择在快手购物。快手电商通过短视频和直播这种最直观的方式，跳过了中间商的环节，直接为用户带来物超所值的最佳货源。这就是快手电商的主要特点和优势所在。

可以不夸张地讲，快手电商的"源头好货"是电商模式的一种探索和创新，其成功是得到了市场的认可。通过打造一个"没有中间商赚差价"的模式，真正创造了"一件也能享受出厂价"的社会经济效益！

首先，好的产品是真而不贵的。目前的直播平台一共有三种运营模式：淘宝直播、抖音直播和快手直播。淘宝直播是基于电商平台淘宝发展起来的，是类目、搜索的一种补充方式，它仍然沿用中心化平台的算法和人工推荐机制，包括付费的推广，建立起了商家通过直播平台吸引用户进行销售的模式。而抖音直播和快手直播则在原有的直播内容基础上，融入了销售商品的电商模式，形成了现在的直播电商。"去中心化"的粉丝（老铁）关注体系是快手与淘宝、抖音最大的区别。快手强化了商家的组织和系统管理功能，要想赢得较高的效益，就要做好直播内容，确保货真价实和高性价比，而且还要持续提升服务的品质。只有这样才能获得粉丝持续的关注和信任，实现转化和复购。直播解决的是信任问题，快手平台解决的则是获取粉丝和运营成本的问题，由此，"源头好货要真而不贵"自然就成了直播电商的第一法则。

其次，更低的运营成本和更高的效率。在直播带货的运营体系里，不断追求更低的成本和更高的效率是必不可少的。作为直播主播，需要思考怎样才能在最短的时间内实现这两个目标。创新的直播平台通常会对用户和商家进行深入研究和分析，结合自身的购物方式制订出一份最优的方案。同时，直播平台还需要用原有的中心化模式去开店、上架、推广、促销和处理订单。以快手为例，就曾结合目标商家的行业特点、使用习惯和运营能力等，对小店进行创新，让源头商家在降低管理成本的同时也提高了效率。比如，"闪电购"是为直播营销量身定做的，用户只需要上传一张主图（直播截图或用手机拍现场图），再填好价格和库存等信息即可。这种方式大大降低了运营成本。

最后，好的品质保障和完善的售后服务。现在，随着电商的快速发展和直播电商的不断创新，涌现出了更多的优质"源头"商家和好货。因此，商品的品质保障和完善的售后服务成为"源头好货"最重要的法则之一。为了保证消费者的权益和提升消费者的购物体验，商家需要对商品的质量进行严格审核，确保商品的品质和价格优势。同时，商家还需要建立完善的售后服务体系，及时解决消费者的问题和投诉，提升消费者的满意度和忠诚度。以快手电商为例，该平台的入驻审核体系不仅有资质和商品审核，同时也强化了内容审核。数据显示，在快手电商的1万多名员工中，内容审核团队就占了一半，并且在很早以前就建立起了三审制度，以此确保用户不会看到涉黄、涉黑、涉暴等违规及不适内容。这样的审核机制不仅保障了用户的权益，也提高了商家的信誉度和品牌形象，进而提升了平台的整体运营效率。

3. 解析直播带货背后的链条体系

直播带货也叫电商直播，指的是主播或企业通过网红直播、短视频等形式传播商品内容，引导消费者购买的购物方式。要想更好地开展直播，必须了解整个直播的链条体系。直播带货的参与者构成了一个完整的链条，这些参与者是平台、电商公司、直播机构和资源整合者。下面来看它们各自的作用。

（1）平台方。平台方指的是直播平台。直播并不是什么新鲜事，它早在 2016 年就已经出现了。当时，打赏是直播变现的手段。它就像给游戏充值一样，只有一个短暂的生命周期，因此难以持续。一旦没有了新鲜感，就没有人会打赏了，所以，直播必须寻找新的盈利模式，否则就会注定失败。这时，直播带货的模式应运而生。从某种程度上来说，是直播带货拯救了直播，甚至可以说是重塑了直播。

直播带货是从 2019 年开始兴起的。这一年直播电商飞速发展，抖音、快手等直播平台开始电商变现，越来越多的电商开展内容化战略。而这还仅仅只是冰山一角，直播还可以和教育、旅游、体育、电竞等领域相结合，将边界拓宽，为未来带来更多可能性。

不过，真正的直播则是从 2020 年 5G 的普及才开始，抖音、快手等平台先是以短视频建立起了巨大的流量池，继而转向直播市场发力。而迅猛发展的 5G 技术将进一步打破边界，创造出更多的可能性。在 5G 全面普及后，最大的受益者将是平台方。

（2）电商公司。电商公司是直播带货的核心部分，也是行业受益者和资本金主。我国第一家电商公司是于 1999 年 5 月 18 日成立的 8848，当时业界都称它为"中国电子商务领头羊"。然而，由于风险投资的过度干预，后来的 8848 逐渐迷失了发展方向，成为中国电子商务发展史上的第一个"先烈"。在那以后，国内又相继成立了淘宝、京东、唯品会等电商公司，并逐步成为行业巨头。

以淘宝为例。作为电商公司的佼佼者，淘宝和全国不计其数的卖家紧密相连，淘宝流量的价格在近几年稳步上升。在 2019 年的"双十一"活动中，淘宝仅仅直播 1 小时的营业额，就超过了 2018 年"双十一"全天的销售额。淘宝直播具备流量、转化和盈利优势，为每位主播和企业指明了新的方向。无论是年销售额过亿元，还是在淘宝刚开张的夫妻店，都纷纷自已开始直播，或者与网红合作搞直播，目的就是为了增加他们的销售额。

（3）直播机构。直播机构也叫 MCN 机构，是指培训直播网红的组织，或者说是帮助签约达人进行内容持续输出和变现的公司。其实，在许多主播网红的背后都有一家专业的直播机构在为他们策划可以吸引眼球的直播方案，为他们精心包装。对于直播的网红而言，往往离不开 MCN 机构为他们提供内容制作和流量曝光等方面的支持。这是因为直播机构拥有更多的广告、电商资源及更高的议价能力，能够为网红主播们带来一些更好的选择与商机，从而提高网红与直播机构之间的合作意愿。

当前，尽管直播机构都有自己的直播方式，但无不是朝着带货的方向去发展。电商型 MCN 机构以内容的生产和运营为核心获取流量，通过电商渠道做内容变现，是人、货、场三端的枢纽所在：他们与品牌方对接，掌握着优质商品的供应渠道；他们与网红对接，掌握着优质内容的生产资源；他们与各大电商和内容平台对接，通过平台流量实现带货。

（4）资源整合者。所谓的资源整合者，也就是俗称的中介，是处于直播机构和电商卖家之间的中间方，主要目的是赚取差价。直播网红机构的手里有网红资源，而想要销售推广的卖家手中有钱，但双方却难以找到对方。于是，资源整合者将两者撮合到一起，从中赚取差价。换句话说，一边有囤货，一边有流量，用网红的流量可以帮助卖家解决囤货问题，同时为网红提供更好的商机和选择，于是双方一拍即合，实现共赢，达到了资源整合的目的。

（5）观众。视频直播的吸引力在于沉浸式的交互体验，观众可以免费观看直播内容，并可以通过虚拟商品打赏方式支持自己喜欢的主播。而且，他们还可以通过私信、实时弹幕和共同直播等方式与主播进行互动。

主播、平台和观众三者之间的关系紧密相连，只有维持好三者的平衡关系，才能为平台带来更多的优质内容，直播平台也才能走得更远。那么，怎样才能平衡好三方的关系呢？

首先，让观众有所收获。观众是来直播平台上找乐子的，所以要增强直播间的互动性。比如，可以增加游戏直播间，鼓励观众直接参与到游戏中，从中收获更多乐趣。

除了让观众获得乐趣，还可以让他们获得收入。现在许多的直播平台，观众都只能进行消费，虽然这样主播和平台的收入自然水涨船高，但长此以往，观众的购买率难以为继，不仅会逐步下降，很多老观众还会慢慢流失掉。假如在直播平台中加入推荐功能，当老观众推荐新观众加入并消费成功后，老观众可以得到提成，也能赚到钱。这样，观众增加了收入，自然也就更愿意留在直播平台，从而提高了平台的竞争力。

其次，增加主播收入。为了让主播的积极性更高，无疑需要让他们获得更多的收益，这样才能激发他们的工作热情。那么，怎样才能增加主播的收益呢？付费直播和在直播间内加入购物链接就不失为一个好方法，这样不仅能增加主播的收益，让原本枯燥乏味的直播增添新的活力，主播还可以展现自己的个性化魅力，吸引更多观众的关注和支持。

最后，拉近主播与观众之间的距离。推出私信和经纪人系统等功能，可以维护主播与观众之间的关系。目前，许多平台都是直接与主播经纪公司对接，而经纪人系统可以更加方便地管理经纪人和主播，吸引到更多的主播入驻。私信等功能则可以拉近主播和观众之间的距离，促进进一步的线下交流，维护主播与观众的关系，提高平台的竞争力。

4. 短视频内容营销现状及发展趋势

近年来，互联网行业遭遇"寒冬"，但短视频却成了一个温暖的存在。短视频和直播已经成为内容营销的核心载体，贯穿于品牌营销、传播、销售和运营等各个环节之中。其中最关键的核心是"内容"，它改变了传统品牌建设的时间成本和品牌营销传播预算的结构。

（1）短视频营销"内容为王"

众所周知，在国内互联网的发展史上，不管是哪个细分领域，如果一个App应用（应用程序）日活跃用户超过1亿人，这个App的实力就会被广泛认可。在同一领域的短视频平台都出现了超过3亿人日活跃用户的历史，无疑证明了其江湖地位已经确立。今后的短视频业务势必会继续展现高光时刻，相关的产业链也将更加细分和成熟。

不管是哪个平台，"内容为王"已经成为公认的准则，只有优质的内容才能提升完播率、关注率和互动率，所以内容标签需要更加清晰。未来的内容创作应该从用户的角度出发，制作出用户喜欢的内容，不要轻易订立关键绩效指标（KPI）；在视频的前三秒钟里，内容就必须具有悬念、有高潮并富于节奏；同时，还需要时刻紧跟时事热点，如热门视频和热门话题等；稳定和细化账号、内容、热度等标签；最重要的是，应该保持健康的价值取向，不应投机取巧地钻营。

除此之外，内容创作还应该遵从以下三个原则。

①有价值。在抖音直播间里，为了吸引用户进来观看并逗留，直播平台需要持续地提供有价值的内容。这就意味着主播不仅要充分考虑用户的需求，而且还要从用户的角度出发，思考他们选择这款产品的原因。主播不能只是一味简单地推销产品，而是要突出产品的价值点，解决消费者的"痛点"（指市场不能充分满足的，而客户迫切需要满足的需求）。此外，主播还可以向消费者提供一些专业知识，诸如服装面料的特点、舒适度，珠宝首饰的制作工艺，水果的储存方法等，这样可以让直播间的内容更加丰富多彩。

②有温度。在直播间里，不仅可以推销商品，还能够让主播有机会充分展现自己的个人态度和思想。因此，作为主播应该尽可能地多传达一些正能量，让用户受到感染。比如，主张理性消费，就直播间里给出的优惠力度空前巨大，也应该让用户购买自己真正需要的商品。这样一来，用户就会觉得直播间是一个有温度的地方，这样还能够建立起主播与粉丝之间的信任，增加更多的"忠实粉丝"。

③提供有趣的内容。假如在直播的时候，介绍产品所用的语气和语言过于平淡，用户通常都不会停留太久，因此主播的

语言一定要生动有趣，以吸引用户的注意力。同时，直播间的玩法也要多样化，不能只是简单地坐在镜头前，滔滔不绝地展示产品。主播还可以亲自使用给用户看，例如试穿某款服装，并给出穿搭指导建议；或者是直接展示食品的烹饪过程等，这样既可以吸引观众，也能实时地展示商品的特点。

（2）短视频内容营销的趋势

近期，卡思数据作为国内权威的视频全网数据开放平台，围绕关键意见领袖（Key Opinion Leader）营销、蓝V运营、挑战竞争三种内容营销形式，总结了未来短视频内容营销的九大趋势。

①在短视频平台上，汇聚了大量有娱乐、社交、购物等需求的用户，越来越不再只是"专业"的"平台"，"平台"的概念也日益模糊。用户出于不同的需求和动机，对短视频平台的理解和认知也千差万别，平台的概念可能会被重新定义。

②网红的供需结构失衡。网红的供给方在颜值、剧情、才艺、美食等方面已呈现出"红海"态势，但在科技、旅游、金融等领域，以及种草（网络流行语，指专门给别人推荐好货以诱人购买的行为）评估、区域类账号则仍有较大的潜力。即便供给方已经出现"红海"现象，但网红的需求仍然存在。

③直播带货领域愈加细分,从"人带货"逐渐转变为"货带货",带货主播已步入产业化生产的时代,好内容出好货让许多腰部和尾部主播也都获得了成功。

④流量红人、种草红人和带货红人等在短视频、直播的催生下并驾齐驱,多管齐下,极有可能在很短的时间内便造就一个知名的品牌。传统品牌可能需要几年的时间才能走完的路,现在很快就可以完成。

⑤短视频领域的种草成本持续上升,这不可避免地导致矩阵种草。可是,种草需要硬核的内功,一旦分享的内容和形式不被用户接受,即使再好的产品也会被埋没。因此,持续地打造和提升原创的优质内容,需要长期的努力和耐心,冰冻三尺非一日之寒。

⑥在短视频内容营销领域,大型品牌玩家可能采取两种策略:一是加强与优质网红的绑定,双方的合作将由"浅"到"深";二是加强自身的内部运营。这两种行为都将导致短视频营销公司的价值分化与转型,从过去的"KOL代理商"转变为"服务商"。这意味着短视频营销公司需要参与更多方面的工作,从拍摄、运营、直播到数据服务等各个环节,并通过技术为品牌赋能,让品牌能够创造出更大的价值。

⑦网红带货已经成为一种普遍现象，使得品牌推广和销售率合一，而顶级网红的个人IP（个人IP是指个人独特的形象、风格、特点等，可以是具有一定特殊性质的人物形象、品牌或标志，也可以是个人在某个领域或行业中所具有的独特个性和价值）更是成为大受追捧的对象。但是对于一大批品牌尤其是创新型品牌来说，很难获得顶级网红IP的关注和青睐。同时，即使投入了大量的资源和精力去种草的品牌，想要将网红IP的个人影响力转化为品牌影响力也并非易事。所以，品牌需要强化自有渠道的运营、建立私域流量的沉淀以及人格化、IP化运营，这样才能建立起长期的竞争优势。

⑧数据分析助力品牌与红人"人货匹配"。品牌可以通过数据分析更好地掌握网红的带货能力，同时还可以对视频带货和现场销售的数据进行分析，能够更好地实现"人"与"货"的匹配。

⑨KOL成为品牌信息传播的中流砥柱。现在，用户的消费已在逐步回归理性，电商渠道在扩大细分，下沉渠道已经开通，这些都势必进一步释放大品牌和不知名品牌的市场机会和空间。大品牌将更加强势，而一些不知名的小品牌也将日益崛起，KOL作为品牌信息传播的中心也将参与其中，成为品牌信

息传播的中流砥柱。

5. 洞见直播带货趋势，引领下一个十年

目前，人口红利流失、移动互联网步入存量的时代，直播在提升流量、低成本获客等方面效果显著，势必将成为平台争夺的入口。如今直播带货的市场格局已经形成，将昂首阔步地走向未来，成为下一个十年的产业趋势。

（1）直播带货市场格局与发展趋势

如今，直播业态迅速扩展到千千万万的普通老百姓中，上至古稀老人，下至学龄儿童，无不乐在其中。而直播的团队也从小鲜肉扩大到了明星、央视主播、企业家等。在电商巨头大张旗鼓地直播卖货之际，抖音和快手也纷纷进场，并开发出了搭配连线、红包等各种不同的玩法。越来越多的用户都开始做起了直播卖货，不仅业界有大量专业的直播机构签约，平台流量也高度地商业化了。在2022年春节过后短短1个月的时间里，就有100多个传统线下职业转移到淘宝直播间，"云××"的模式在淘宝直播上迅速兴起，例如云卖房、云卖车、云餐厅、云门店、云菜市场、云超市、云音乐会、云博物馆等。

从目前来看，直播市场已经形成了淘宝、快手、抖音"三

足鼎立"之势。

许多网站如腾讯、百度等也对直播市场虎视眈眈，尽管它们的进入形式有别于淘宝、快手和抖音，但是不管怎么说，非电商系已经在跑步进场。与此同时，许多传统的家电企业家也率先走进了直播间，并亲自代言，直播市场一时间豪杰并起，群雄逐鹿。

从趋势上看，无论是电商平台还是非电商平台，不管有几个人加入，不管有多少种玩法，直播带货都在从产品化、内容化转变为社交化，从"人找货"转向"物找人"。换句话说，从表面上看，直播平台似乎是在拼流量，但本质上拼的却是供应链的内容能力和社交能力。由此可见，做直播带货倘若不能持续输出原创的优质内容，无法进行很好的运营，根本没法做，也不可能做好。

（2）直播带货昂首阔步走向未来

网络直播带货目前正处于风口期，不仅具有传播信息速度极快的特点，而且大众也比较容易接受。直播带货的发展无疑将一路上扬，在未来的十年里将成为常态，成为促销导向的一种新型营销手段。

关于未来十年直播带货将成为常态的原因，笔者认为首先是尽管如今快递业已经实现了全覆盖，但电商却无法让用户真切地看见实物和它的质量。为了解决这个问题，淘宝曾率先采用了视频显示的功能，但效果差强人意，仍然无法很好地展示商品的质量，因为一些不良的经营者完全可以作假。因此，许多有远见的人大胆尝试了直播带货，有效地解决了用户看不到真实商品的问题。

其次，无数的事实早已证明，在一个行业火爆之后，必将引发整个行业的变革。网络直播带货面向所有用户开放，这将是一种新的就业模式。网络直播带货在不久后的将来会成为电商时代的标配，不仅将继续取代传统的电子商务，还将在未来取代更多的线下实体店。

最后，随着全民电商时代脚步的临近，越来越多的普通用户在直播平台上也能展示自己的商品，并通过直播过程中的互动来获得消费者的信任。主播可以通过互动和视频呈现、营造紧迫感等手段来促销，使用户心甘情愿地下单。

第二章

创新电子商务模式，提升消费体验

第二章 创新电子商务模式，提升消费体验

直播带货是时下新兴的一种电子商务营销模式，可为质量有保证、服务有保障的产品打开销路。与直接或明显的广告相比，直播带货创造了一个与消费者无距离感的场景，让消费者感觉像是朋友间的推荐。有了带货达人作为商品与消费者之间的纽带，直播带货可以提升消费体验，让消费者形象、直观地感受到商品的好坏。所以，直播带货才日益火爆。

1. 低价秒杀是最经典的直播模式

直播间是天然的宣传促销场景。通过呈现急不可待的抢购现场，带动弹幕的节奏，直播间可以让用户没有时间犹豫就下单，达到秒杀的效果，从而大幅提升产品销量。

有一部手机、一台电脑、一个人和一堆货就可以做直播营销，而且直播图像具有极佳的传达效果和高效性，同时还提供了丰富的内容。它改变了传统媒体的生态，具备可视性、交互性和实时性等特点。此外，在直播过程中，现场答疑能够提供最真实的用户体验，消除了转述所带来的"信息损耗"，从而提高了信息的完整性和可信度。

直播的这些特性决定了直播间秒杀的场景特点。当直播间开启秒杀活动时，大量的用户会同时抢购，网站的即时访问流量也会激增。但由于库存数量远远不足以满足访问请求的数量，只有极少数的用户能够秒杀成功。秒杀流程相对简单，一般只涉及订单操作。

在直播间中，低价秒杀模式是最基础、最经典的直播模式，也是目前最主要的直播模式之一。由于目前直播用户的主要诉求还是低价，因此低价秒杀模式常常呈现出明显的"马太效应"（一种强者愈强、弱者愈弱的现象）。有些现在的"头部"主播最初自费购买样品，免除坑位费、佣金，并贴上"全网底价"标签，逐渐成长为如今的明星主播。

在低价秒杀模式中，主播的核心能力在于渲染商品价值，吸引用户的注意，并成功地让用户被"种草"，促成销售转化。例如，某"头部"主播就以其精准的产品定位能力，如"女主人气质""高级又复古"等准确的意向传达，成功地掏空了许多女孩的钱包。

对于直播带货来说，以下几个问题需要注意：

首先是产品货源。确保货源的质量和供应的可靠性非常重要，一些知名的采购批发网是不错的选择。这些渠道都有许多微商和社群产品供应链体系，能够提供一体化服务。

其次是快递。物流运输是直播带货过程中必不可少的一环，价格和速度都是需要考虑的因素。在选择快递公司时，可以选择有物流供应成本优势的地区，以降低运输成本。此外，需要注意快递公司的服务质量和配送时间，以保证客户的满意度。

最后是账号（损耗）。在直播带货的过程中，账号的封禁或降权等问题是难以避免的。需要建立多个账号矩阵，分散风险，确保运营的可持续性。同时，需要关注账号的质量和粉丝的活跃度，以提高直播带货的效果。

2. 主播是用户与产品之间联系的纽带

主播是用户与产品之间联系不可或缺的角色，通过将用户的信任转移到产品上来建立品牌效应，促进用户对品牌的信任和依赖。当品牌效应成功地影响足够多的用户，产生了购买行为时，主播将会发挥出最大的作用，创造出千万元乃至上亿元直播带货奇迹。

（1）了解用户的心理倾向

为了成功地刺激用户购买产品，主播必须深入了解用户的心理倾向。总的来说，直播中的用户普遍具有以下几种心理倾向：

①从众心理。从众心理是指个人被外界人群行为所影响，表现为符合公众舆论或多数人行为的方式。在直播中，用户大多数的购买行为都是被主播和其他用户驱动的。比如，某主播曾经在推广一款水果玉米时，刚打开箱子就发现其中的一个玉米已经被工作人员掰了一半吃掉。这个情形成功地引发了用户的从众心理，一下子就让用户觉得这个产品很不错。

②猎奇心理。主播常常会利用用户的猎奇心理来获取流量。无数的成功经验表明，主播需要在直播中制造新奇感和独特感，以吸引用户的好奇心和注意力。

③捡漏心理。人们都有寻找优惠的心理，主播可以通过在真实场景中提高价格，让用户产生捡漏心理和促进转化。比如，通过涨价刺激，让用户觉得现在必须马上买，否则就涨价了；通过价格对比刺激，让用户觉得在这个主播这里买是最划算的。

④归属感。主播必须规划好自己的人设，使用户变成自己的朋友，赢得他们的支持。假如在直播间里只有价格和销量，而没有任何信任和用户的参与，那么就只是一种兜售行为。比如，某明星凭借着自己的偶像"天资"，获得了许多用户的喜爱，用户对他的动向给予了许多的关注。而他也通过与用户的

互动，让用户有了极高的参与度，从而加强了归属感。

（2）通晓直播的产品类型

在直播带货中，交易率和交易量是重中之重，因此假如花了很长时间却什么都没卖出去，那难免会让人很郁闷。所以为了提高销售业绩，我们需要了解在直播中通常需要的产品类型。

统计数据显示，直播电商70%以上的热销商品价格区间都不超过40元，而价格在60元以上的商品占比仅为10%。这些热销商品主要集中在食品饮料、美容护肤、服饰鞋包、床上用品等类型。

直播间销售的产品若单价过高，就会延缓消费者的决策速度；反之，假如单价很低，那么就算消费者对这个商品没有什么认知，但只要主播的介绍到位，也一样会下单。还有，假如在直播间缺少赠品、折扣和小礼物等优惠，那将很难促成销售，因此最适合在直播间带货的产品，通常就是那些门槛低、有特色、价格也实惠的产品。这样才容易形成购买热潮，降低用户的决策难度。如果在直播间销售的产品价格并不是最低的，或是与其他的销售渠道价格不一致，那带货是很难成功的。

3. 针对性地讲解展现产品更真实

在直播过程中，主播面对的是成千上万的用户，所以必须进行有针对性的讲解，用更加真实的形式去展现产品，以加深用户的信任。

(1) 增加互动，深入了解用户的需求

直播带货不仅仅是单纯地卖东西给用户，更将社交、社群、学习、IP追随、娱乐、消费等内容集于一体。同时，用户购买的动机也不单一，有的是为了放松心情，有的是为了打发时间，有的是为了跟随潮流，有的是为了学习知识和寻求陪伴，有的是被喜爱的主播所吸引，等等。只有清楚地了解用户真实需求，才能更好地去满足他们的购买需求。

在一场直播的过程中，观看人数往往成百上千，甚至达到几十万、几百万，可是真正下单的人可能仅有几千、几百，甚至更少。那么问题就来了：其他那些在直播间观看却不购买的人到底在做什么呢？答案是：他们在围观。有些人可能今天看了一次直播，什么也没买，但他可能会在明天买，或是在后天买。除了购物，他们来直播间的一项重要需求就是娱乐，他们会在直播间消磨许多的闲暇时间。

深入了解用户的需求，不光要从常规的年龄、性别、地域、消费偏好等数据中去了解，更重要的是从需求点的角度去分析。为了进一步增加互动性，高质量的内容不可或缺，主播只有通过持续输出优质内容，才能有效地引导用户说出心里的深层需求。

进行简单的游戏是增加互动的一种重要方式。大多数人都喜欢玩游戏，因为在这个过程中人们会感觉到轻松和愉悦，所以为了提高互动的效果，可以和用户玩各种游戏。

①猜食物。主播可以列举几种不同的食物，预先写下自己最喜欢的那种，然后在直播的时候让大家猜。等大家都猜完后再公布答案，对于猜中的人给予一定的奖励。

②歌词补充。现在，在紧张的工作之余，人们普遍都喜欢唱或听歌曲，就算是五音不全，也多少都会哼唱几句，歌词自然也是了然于胸。所以，歌词补充也是一个不错的游戏，例如，主播先唱一句"如果没有遇见你，我将会是在哪里……"让熟悉这首歌的听众将后面的歌词唱出来。

③大家来找碴儿。可以提前准备几组图片，每组2张，让观众找出"有几处不同"，并在评论区把答案发出来。当然，具体的结束时间应由主播自行决定，而不是为了刷礼物。这种

游戏简单有趣，通常参与度都很高。

④砸金蛋。可以买3~4个金蛋，在直播时放在直播间里。在每个金蛋里预先放上一张纸条，写上具体的内容，例如真心话、回答观众提出的问题、简单的惩罚、获得红包等。限时2~3分钟，刷礼物最多的观众可以获得砸金蛋的权利。

(2) 真实体验是直播带货的魅力所在

直播的最大优势是真实性，这也是直播带货的魅力所在。现场直播可以让观众直接了解产品，不管是产品试用还是和用户的互动，主播的每一举动都给观众最真实的体验。所以，主播应该突破传统"认图购买"的模式，真实展示自己的产品体验，从而引起用户的购买欲望。除了展示产品的卖点外，主播还需要充分发挥自己的优势，借助直播的技术来调节气氛和互动，从而增加用户的关注度和信任度。

实际上，不管是家居用品、美容产品还是美味佳肴，主播几乎都会在直播过程中亲自体验。例如，某主播在直播促销冰激凌时，甚至会直接把店里专门制作冰激凌的中型冰激凌机搬到现场，她一边吃一边说，这样做的目的就是为了在现场营造一种身临其境的感觉。实践证明，主播的试吃和试穿体验可以很好地为观众呈现出产品的效果，从而让观众更容易接受主播推荐的产品。

现在的人们普遍都以瘦为美，很多人采用计算卡路里来节食减肥，她们需要心理上的代偿。如果有一个人吃了很多高热量、高油脂的食物，却依然又瘦又美，就会为其他人带来极大的心理满足感。在心理学上有一种叫"代偿心理"的现象，也就是说当一个人遇到挫折、困境和损失的时候，他会将自己的需要转移到其他对象上去，以求减小心理上的压力。如果理解了代偿心理，就不难明白为什么大胃王直播会有那么多人观看了。

倘若一个新人主播颜值很高，又懂得穿衣搭配，就可以把这当作优点来展示，慢慢摸索用户的需求，然后有针对性地进行讲解。比如，有些肥胖的人害怕穿那些显胖的衣服，那么主播就可以示范穿上显瘦的衣服，以此证明胖人穿上也可以非常好看；个子矮的人害怕穿看起来显矮的衣服，主播则可以选择露脚踝的裤子和短款上衣进行搭配，视觉上就会拉长身形，会让人很容易相信。如果想要提高讲解的能力，新手主播不妨到大主播的直播间去观摩学习，多记笔记，然后多加练习。

当然，在展示的时候，主播还要注意以下几点：语言表达的力度、演员般的表情和明星般的气质。

①语言的力度。为了使介绍更加真实可信,主播在表达时需要更有力度,不能软绵绵有气无力的,更不能失去自信,这样可以让人们更容易接受。

②演员般的表情。表情是提高说服力的隐性方式之一,僵硬的表情会让人们质疑主播所说的话,只有和善、温暖的表情才能让人们相信主播说的。所以,主播要向演员学习,练就好的表情。无论直播间的听众是什么反应,主播的表情都不应该表现出生气或愤怒等情绪。

③明星般的气质。气质是主播的综合素质之一。气质出众的主播,可以更加吸引人们的目光,增强人们对产品的信任感,并提升产品体验的优越性。所以,在展示产品体验时,主播需要展现出如明星一样的气质。

为了吸引更多的观众,主播应该更加自信和自然,充满活力和魅力,这样才能赢得观众的青睐和信任。

4. 网络直播行业的"二八定律"

"二八定律"即"二八原则",是意大利经济学家帕累托在19世纪末20世纪初提出的。按照这个原则,在任意一组事物中，最重要的只占其中一小部分，约20%，其他的80%虽然是多数，却是次要的。

网络直播行业十分符合"二八定律"，其中平台80%的利润都来自20%的"头部"主播，而这20%的"头部"主播也占用了平台80%的资源。优秀的"头部"主播通常具备较强的竞争力，同时平台也会把资源向"头部"主播倾斜，这是因为"头部"主播能够为平台带来更多稳定的流量、广告和礼品分享，这是平台主要盈利的地方。这也促成了"马太效应"，即"头部"主播越来越容易获得更多的资源和平台支持，而腰部和尾部主播获得的资源则越来越少。

（1）突破私域流量的束缚

不管是内容直播还是电商直播，都有着很明显的"二八定律"现象。可是对于主播来说，他们的影响力在一定程度上受限于自身的能力，并且和价格有着非常紧密的关系，甚至可以说是与价格强绑定。

直播成功靠的是传播、社会互动、内容推荐等关键要素，还需要在包装、品牌溢价和品牌信任上下功夫，所以电商直播业应该根据这些要素去挖掘用户的潜在需求。同时，基于直播现场的热点话题和社会传播，是直播间的流量抓手。实际上，主播和直播行业"破圈"的实质是将私域流量突破到公域，并将公域流量转化为私域的过程。所以，主播需要突破自己的私域流量束缚，赢得更多外部关注。这是直播行业发展的必然趋势。

为了吸引更多的粉丝关注，我们可以采取以下这些措施：

首先，确定明确的定位。为了吸引粉丝，我们必须明确自己的直播品牌特色和风格，并且确保团队有一个共同的理解，这样才能获得粉丝的认可。主播必须回答如下问题：我们想要打造什么样的直播风格？我们如何吸引潜在粉丝并留住现有粉丝？

其次，直播吸粉。直播如何才能获得更多的粉丝？需要不断努力并持续实践，光看不做是没有效果的。虽然做一次直播只能涨几个粉，但只要坚持下去，粉丝就会慢慢持续增长。我们可以通过周一到周日的日常直播与粉丝互动，一起唱歌、聊天、聊化妆、聊时尚穿搭，吸引粉丝的关注。还可以在微信、微博和商铺端等平台发布直播预告，吸引老粉丝前来捧场，逐渐提高直播排名并吸引更多的新粉丝。如果无法做到每天直播 8~10 小时，则可以将直播做成固定时段的节目形式。

最后，创造新的内容以及商品。直播结束后，主播可以将好玩的、有趣的内容和商品放到微淘、淘宝社区里进行二次沉淀，让粉丝来关注微淘盖楼。日常则可以经常在直播间里给用户送福利、发红包、秒商品，让用户既看直播，又实现购物，达到感官上的全方位体验。

（2）关注微博的"圈外效应"

如今，社会上的一些热点事件和娱乐圈的八卦新闻等，往往会在微博上迅速发酵。热门搜索排名与它的"火爆"程度已经成为衡量事件热度的重要标志，直播也不例外。从这个角度看，在"破圈"过程中，微博无疑是最具优势的社交网站之一，它拥有多重KOL、强势媒体以及话题属性。

圈子是用户基于同样的兴趣和关注自发建立的，多个圈子就形成一个多元化的微博社区生态。在这种生态下，品牌可以在多种强大社交场景中精准地为目标受众推荐内容和产品，通过社交话题在圈内实现突破性传播。微博的"公域流量"就会被主播转化为直播间的"私域流量"，从而在全民范围内提升品牌的影响力。特别是在明星频繁进入直播间的情况下，微博的"圈外效应"更加明显。

"英风豪气摘星辰，菲菲春日寻山海。霓裳不湿沾细雨，迪循万里尽豪迈。"这是某演员曾经读过的一首关于"英菲尼迪"的藏头诗，在英菲尼迪 2020 年的新车发布会的直播中，借助微博成功地融合了品牌和该演员的个人设计。由英菲尼迪定制的"颜值才华互吹大赛"更是吸引了超过 200 位明星参与，用户自愿参与比赛，用美丽的图片、自画像和现场直播等方式充分展示自己的颜值和才华，由此也衍生出了 13 个话题，轮番冲上热搜。在活动结束以后，英菲尼迪仍然继续关注有关该演员的热门新闻，并在有话题的时候与他互动，最大限度地发挥了明星效应的价值。

微博是一个多圈生态，它的社会属性演化出了一个完整的社区生态，有利于形成"明星、蓝 V 预热——私域流量自发传播——KOL、KOC 扩大传播范围和影响力——二次传播完成破圈"的链条。实际上，这种从营到销的传播链已经被许多品牌的云发布大会所采用，以此帮助自己突破品牌壁垒，站在话题舞台的中心。

5. 企业直播营销：寻求增长新通道

网络营销原有的图文展示模式存在一些缺陷，因为它无法让用户全面地了解产品，从而导致用户流失。企业直播营销的出现解决了这个问题，展现出巨大潜力。实际上，不管是企业新闻发布会还是产品宣传，企业都愿意采取网络直播的方式。

（1）传统营销的限制

在传统的营销方式里，存在着很多限制和缺点，概括起来主要是以下几点。

首先，成本过高。以传统的产品发布为例，需要耗费大量的人力、物力和财力才有可能举办线下大规模的产品发布活动，不仅规模有限，而且很浪费时间。如果以直播的方式举行产品发布会，可以大幅降低成本，而且可以实现无限制人数观看，从而扩大产品和公司的影响力。

其次，用户信任度不高。在传统的营销活动中，很多公司的广告宣传经常会言过其实，甚至存在虚假宣传，例如广告语夸大其词，图片经过精心编辑，视频也是被处理过的。而通过直播的方式宣传，能够让用户对公司的产品有更加清晰、直观的了解，提高用户的信任度。

再次，营销的效果不持久。由于成本过高，所以大多数企业难以持续进行传统的营销，宣传的效果也很难持续。相比之下，视频营销可以让用户反复观看公司的视频，对用户施加长期的影响，而且直播的时间也很充裕，公司能够从多方面深入介绍产品。

最后，传统的营销难以实现裂变。传统营销的内容传播受到限制，互动性不强，用户的参与度很低。而视频直播营销则可以很好地解决这些问题，因此越来越多的传统行业和新兴互联网行业已经开始重视视频直播营销。在视频直播的过程中，持续输出高质量的内容，更容易带动企业实现营销裂变，为企业带来新的发展机遇。

（2）视频化营销的优势

和传统的营销形式相比，企业的视频化营销有不少优势，大致有以下五个方面。

第一，增加粉丝。公司可以在直播页面上播放自己的公众号，对观看直播的用户展示二维码进入窗口，用户只要点击了二维码，就可以收进直播窗口的左下角。这样做一来可以为公众号涨粉，二来也不影响用户观看直播，一举两得。公司还可以通过后台的设置强制用户关注公众号，增强用户的黏性；可以和用户进行一些互动小游戏，比如在后台向用户发送红包、定期抽奖等，引导用户生成自己的现场活动海报，分享给自己的朋友过来一起观看直播。

第二，收集信息。不管是制造业公司还是服务业公司，通过传统方式获取一个有价值用户的成本相当高，可是在直播的过程中，则可以在直播页面向用户发起实时投票、问卷、表格等，先收集潜在用户的信息，随后再将这些信息交给销售人员去跟进，会大幅提升成交的可能性。

第三，节约营销成本。直播可以帮助企业节约成本，特别是对于连锁店和分支机构来说，进行员工培训的成本很高。如果能够举办一场支持异地多种互动的活动和会议直播，就可以将现场的火热气氛带给各地观看直播的员工。再结合线上线下的一些红包和抽奖等活动，成本也不会太高。

第四，自设查看权。企业可以自行设定用户的查看权限，如白名单用户观看、手机白名单观看、固定看码观看等，其具体应用价值不难想象。

第五，便于品牌传播。在如今的移动互联网时代，品牌的传播和推广竞争十分激烈，营销的成本持续地上涨，这是一直在困扰着企业的难题。假如公司利用直播间来举办各种活动，无疑是展示企业文化实力和品牌形象的绝佳方式。通过直播交流，能够快速而又轻松地传播品牌价值。

第三章

分析带货类型,感受直播发展动向

当下最火的带货模式无疑就是直播带货,其原因在于主播可以帮助品牌完成从"种草"、了解到购买的全过程。目前,直播带货有四种比较成熟的模式,一旦了解了这些模式后,我们就可以感受到品牌影响力、产品信任感以及平台运营等方面的某种趋势。

1. 最受企业欢迎的纯佣金带货模式

所谓纯佣金带货模式,就是KOL在进货群验货,或者进入企业对接群,然后企业直接把产品的样品发给KOL,协商好带货的佣金比例;KOL根据产品质量、需求、库存、客单价等因素进行综合考量、评估,再决定是否建立合作,为其推广。KOL一旦确定合作,则将负责视频内容的创作并进行推广,直接按销售额进行分佣金,不额外收取服务费。这种模式是最受企业欢迎的一种方式。

(1)纯佣金模式的要求、佣金与渠道

在纯佣金带货模式下,企业对C店(淘宝个人店)的要求相对较高,店主的基础销售量必须达到一定的量,店内综合得分要在4.6~4.8分,并且产品价格必须是全网最低。这对于刚开C店的KOL或者一般KOL来说有一定难度。但是,这些要求的确是为了确保带货销量达成双赢的目标。

目前，业内的纯佣金带货佣金率相对较高，淘宝网的佣金要在20%以上才会被添加到窗口。使用纯佣金带货最常见的方法是利用铺量来做矩阵公众号，佣金大多数都超过了50%。而整个行业的佣金率在30%以上，有的甚至能够达到五五分成或三七分成。因此，毛利率高、消费量大的食品和美容产品更适合采用纯佣金带货模式。

一般来说，在纯佣金带货模式下，KOL有以下渠道可以选择：

一是基于抖音等平台的热销排行榜或者其他第三方数据查询工具。例如，KOL可以通过观察某平台上近几天的热销爆款商品，直接联系企业的客服或店铺，索取产品样本，在试用产品后确定佣金的比例，然后帮企业制作视频宣传的内容，为企业做推广。

二是KOL对接资源群，一般也称为"高佣资源群"。通过这个群组KOL可以直接联系到在淘宝或天猫上的企业，以尽快得到高佣金的许可。无论KOL从事什么行业，在圈子里找到彼此直接联系的人是最快的途径，但在建立合作之前需要充分了解佣金比例。

三是通过验货平台。例如，KOL在抖音平台注册之后，可以通过验证抖音号申请商品。企业会提前将要推广的产品依次发布到抖音平台上，KOL可以根据自己的喜好和垂直领域选择感兴趣的推广产品，只要点击后就可以获得一个推广链接。

（2）带货主播选择纯佣金模式的原因

在一些情况下，有些主播会做纯佣金模式，通常会有以下两种情况。

小主播做纯佣金。对于小主播而言，由于他们本身没有太大的用户基础与流量，所以也就不用考虑对流量付费的问题。一次直播在线只有千人左右的小主播，假如还要收服务费，企业就不会去找他合作。为了增加自己的业务量，小主播通常并不会设置服务费。尽管小主播的销售量少是显而易见的，但对于企业而言，反正你卖多少就给你多少佣金，大家都不吃亏。

大主播做纯佣金，可能是出于对高品质产品的追求。在市面上成千上万的产品中，假如有一个优质产品与主播的人设定位一致，那么主播就可以利用这个产品来打造自己的人气。大主播心目中的优质产品通常是大品牌且价低质优的产品。因为这些产品有品牌意识，质量可靠，售后问题也较少，可以用全网最低的价格在直播间展示给用户。此外，有时候大主播也会出于公益目的选择推广公益性产品，这样做有助于塑造主播的正面形象。

综上所述，企业在寻找纯佣金主播时应该做到心中有数。找小主播尽管风险小，但效果不一定好。而找大主播时，自身的产品必须过硬，否则他们不可能接受纯佣金形式。不过，小主播也有可能卖得很好，但这需要通过经验积累和锻炼后才能实现，每个大主播也都是经过百般锤炼才变得更加优秀的。

2. 最受"头部"主播欢迎的服务费+佣金模式

在当前的直播带货行业中，服务费+佣金这种模式相当普遍，该模式包括一定的服务费用和产品的销售提成。它是目前大多数"头部"和腰部主播普遍采用的合作方式。主播的服务费根据用户数量来确定，一般从几千元到几十万元不等，至于佣金则一般是15~20个点。然而，不管是对主播还是企业来说，这种模式都具有一定的难度和风险。

(1) 服务费+佣金模式下的主播风险

为什么大主播的服务费会这么高呢？首先，大主播的出单量有保证。其次，大主播的曝光量高，有了较高的曝光量，就可以大幅提升品牌的知名度。不过，假如大主播无法满足这两个条件，那就只能是赔本赚吆喝，不仅企业的品牌宣传费用浪费，而且也会严重损害大主播的信誉。

对于刚刚接触直播带货的新手而言，如果采用服务费+佣金的模式，会存在一定的风险。因为服务费价格高，而大多数的主播都无法保证销售量，与主播合作的机构或企业只能根据以前同一类型产品的销售数据作为参考，因此产品销售量会让主播倍感压力。

相比之下，"头部"大主播的压力就小得多，因为他们的用户数量庞大，通常达到百万、千万甚至上亿的级别，总是会有粉丝下单购买的。而对于那些腰部主播来说就比较尴尬了，因为他们的用户数量达不到，因此无法准确地把控每场直播的销量。如今市面上有些公司提供保量服务，往往会让腰部主播提供保证产品销量的证书，或者在合同中写明一定的产品销量，不过这种做法在业界并不普遍，腰部主播也难以承担这种风险。正是由于这个原因，目前大多数的企业都倾向于寻找"头部"大主播，因为这样可以降低风险。

（2）服务费+佣金模式下的企业风险

在服务费+佣金模式中，"佣金"比较好理解，其实就是主播通过销售企业的产品而获得一定的佣金提成。目前对"服务费"的定义存在一定的争议，有些机构会以广告费的名义收取，有些则使用服务费的方式与主播合作，对于企业来说，通常是以付出服务费的形式与主播合作。

简单来讲，服务费就是俗称的"坑位费"，或者叫作"坑费"，服务费的数额根据主播拥有的流量大小而不同，从几百元到几十万元不等，据说有人一个"坑费"的价格是60万元。服务费实际上就是主播的基本报酬，是借助他们用户流量的使用费。由此可见，主播的用户群越大，流量越多，服务费自然就越高，这应该不难理解。

如果企业想要在直播间展示自己的产品，就需要支付一定的费用。例如，只要在某个主播的直播间展示产品，就会产生费用，而产品最终能否被销售出去、销售数量多少，主播并不会给出承诺。此外，假如在一次直播中同时出现了多家企业的产品，将会按照出场顺序向这些企业收取不同的服务费，出场顺序越靠前，服务费就会越高。

对于企业而言，如何进行品牌宣传是非常重要的。不管产品再怎么好，如果没有足够的知名度，也无法吸引用户。假如企业公众号的内容一直处于相对封闭的状态，没有足够多的关注者，那么即使发布的内容再好，也无人问津。因此，企业需要通过各种方式进行宣传，包括花费一定费用请大主播代言等。

在选择服务费+佣金模式时，企业必须确保成交额，才与组织或主播合作，同时务必控制好退货率，否则将可能使服务费和佣金一起打水漂。此外，企业品牌的核心产品也不要随便拿出来做直播，因为核心产品一旦价格下跌，企业的品牌将受到严重的影响。

3. 短视频+直播模式已成行业发展新引擎

随着移动终端的普及和网络速度的提升，短视频以短、流畅、大流量的特点迅速风靡各大平台，也获得了大量用户的关注以及资本的青睐，成为内容创作的新宠。因此，不少直播软件开始加入连接短视频的功能，甚至有些以短视频为主开发的App软件中也加入了直播功能，"短视频+直播"这种模式已逐步成为行业的新趋势。

(1) 珠联璧合的短视频与直播

短视频和直播两种形式的内容创作是相辅相成的。短视频的内容更加丰富多样，用户的保有量也更高；而直播则突破了短视频制作时互动交流的局限，提供了主播与客户之间更强的在线互动性。采用短视频＋直播模式可以带来更好的用户体验，同时也有助于为平台增加更多的流量和活跃度。

在短视频里，各种主题和内容都可以被融合进去，例如技能分享、街头访谈、时尚潮流、幽默段子、公共教育、广告创意、社交热点、商业定制等。相比之下，短视频制作并不需要特别的表现形式和团队配置，具有生产门槛低、生产工艺简单、参与度高等优势，即使是新手也可以根据自己的想法去发布视频。同时，短视频的传播力也非常大，动辄千万级的播放量，对于口碑和品牌传播有着重要的推动作用。因此，在直播平台中增加短视频功能，可以有效引导用户流量，提升平台知名度和口碑，同时也能为直播间提供更好的内容转化和留存服务。

首先，短视频为直播助力引流。对于直播而言，引流是一个重要的环节。而短视频可以通过优质内容引起用户对直播的关注和兴趣，为直播引流预热。用户被引流到直播间后，主播通过专业的讲解与互动，能够促使用户完成消费转化。此外，直播会受到时空的限制，内容很难保留下来，短视频却可以很好地弥补这个缺陷，有助于将直播内容保留下来。同时，短视频还可以对直播中所产生的优质内容进行二次加工和精准分发，从而更好地推广和传播优质内容。

其次，直播对于促成用户的消费转化具有重要的作用。一方面，直播可以通过与用户实时互动，了解并满足他们的需求，为短视频内容的创作提供方法论指导，从而更好地吸引用户并促进用户消费。另一方面，直播带来的流量也能为短视频的推广和传播提供有力支持。总之，直播是促进用户消费转化的一种重要手段，其即时性和互动性为短视频的创作、推广和传播带来了无限可能。

（2）短视频+直播模式下的带货方式

根据目前具有一定规模的短视频平台数据，我们可以看到生活类内容是短视频和直播深耕的重要领域，围绕这类内容创作的短视频和直播内容最受欢迎。至于具体的带货方式，一般有直播间带货、秒杀带货和达人亲自带货等多种形式。

直播间带货是通过主播逐一介绍在售产品、展示各种产品款式的方式来带动消费。这种方式的竞争力在于商品的推荐，主播可以通过对产品的了解和使用心得对用户进行引导及交流，提高用户对商品的认知及信任度，从而吸引、留存和转化用户。

秒杀带货则是品牌在特定时间内为用户提供促销福利，主播作为品牌的形象代表，通过向用户介绍优惠商品和福利，来提升用户对该品牌的认知和忠诚度。这种模式容易产生"马太效应"，主播的影响力越大、带货能力越强，受到企业青睐的机会就越多，同时企业也应该为主播提供具有竞争优势的优惠福利，才能吸引更多用户。

达人亲自带货又称为KOL带货，指那些具有某领域专业知识和影响力的主播，对该领域的商品较为了解，因此成为该领域的KOL。在这种模式下，主播通过对商品的推荐、使用和分享，提高用户对商品的认知度和信任度，进而吸引用户购买和转化，形成一种稳定可靠的销售模式。通过这种模式获得的用户，对主播本人的信任度较高，转化率表现良好。

无论是短视频还是直播带货，最关键的是要满足用户的需求。我们经常说内容为王，要通过内容不断地去吸引和留存用户，让用户在观看短视频和直播的过程中，可以真实地看见商品，感受到商品的特性，从而促成消费。

短视频+直播模式重新定义了原有的广告形式。传统的硬广告可信度存疑，而短视频+直播这种新型的广告形式可以真实地呈现产品特性，有效提升广告的可信度和吸引力。同时，短视频+直播模式还能增强主播与用户之间的互动和联系,让用户更好地了解和体验产品。

短视频+直播模式下的互动属性更为突出,通过这一模式,可以更加直观和全面地展现产品的特点、卖点以及性价比。当观看直播的用户对主播正在讲解的产品产生兴趣时,他们就会马上针对包括产品的功能特点、使用方法、售后服务等问题提问,此时主播需要利用强大的互动手段及技巧,立即回答用户的询问并满足他们的其他需要。

4. 最受大品牌青睐的品牌曝光模式

品牌曝光模式是指主播根据品牌方的需求制作短视频,并发布在平台上,以达到品牌宣传和曝光的效果。相较于其他的广告形式,这种模式的操作难度更大,需要主播具备较高的创意和制作水平以及一定的用户流量,才能为品牌方带来有效的曝光。因此,品牌曝光模式通常只适合大品牌,而中小企业很难通过这种方式获得良好的营销效果。对于大品牌而言,品牌曝光模式能够提升品牌知名度和美誉度,增强品牌形象,帮助品牌在竞争激烈的市场中取得更好的市场地位和商业价值。

(1) 将品牌产品巧妙地植入短视频

主播将品牌产品巧妙地植入短视频中,这种做法本质上就是一种内容营销。许多品牌方只是为了曝光产品而强行地植入广告,这往往会引起用户的反感,从而使品牌宣传效果大打折扣。实际上,我们可以将产品包装成优质的内容,再以软性植入的方式插入制作的短视频中,然后在平台上发布。这种形式不仅可以有效地提高品牌曝光度,也能够让用户更自然地接受产品信息,从而增强品牌影响力和美誉度。

将品牌产品植入短视频可以采用很多种方式,比如,通过在视频场景中有意地"露"出品牌或产品,让用户自然感受到品牌的存在;或是在发布文案中描述品牌指定话题,从而引起用户关注;还可以利用品牌指定音乐为品牌产品进行曝光等。无论哪种方式,都需要具备一定的艺术性和创新性,才能吸引用户的注意力并产生良好的营销效果。

在短视频中植入的品牌内容,需要与主播的调性相匹配。比如,以某专职做餐饮的短视频主播为例,他可以接餐饮品牌方的广告,在自己的夸张表演中加入特色菜品的制作过程等。这样既可以吸粉,也可以帮助品牌方更好地做宣传。

短视频中常用的四种品牌内容植入方式包括:

①测评类产品的"种草"植入。这是升级版的产品推荐方式,通过真实体验产品并进行好评介绍,突出产品的特性和有意义的用途,从而引导观众购买。

②短剧植入。根据资深风格和品牌要求,进行剧情编写和场景化演绎。

③才艺植入。凭借自身才艺技能进行原创或二次元创意作品,并在其中植入创意品牌元素。

④综艺植入。通过互动性强、娱乐性强的综艺视频内容来植入品牌信息。

(2)品牌曝光的最终目的在于促成转化

以前在投放广告时,品牌方通常只考虑到让品牌的曝光度更高,可曝光率的最终目的在于促成转化。短视频的形式可以承载更多、更有创意的内容,提供了更多的玩法,因此,它不仅能使品牌获得大量的曝光,还有助于实现品牌转化。

以某直播视频App为例,它在"产品优势"栏目中宣称:"除了支持用户评论、转发、点赞等互动外,所有视频均带有品牌完整的转化路径,真正实现品牌与效益的相互促进。"为了更好地实现品牌转化,在视频的下方还配有品牌转化的入口,因此,用户不仅可以在视频中感受到品牌露出和产品植入，观看完视频后还可以直接进入品牌页面，从而更好地实现品牌转化。这种方式比传统的广告方式更能适应当下的市场环境，因为它能够提高广告内容的质量，同时也能更好地把握广告效果。

当然，品牌转化的实现不仅仅取决于短视频平台的内容营销能力，更取决于主播高品质内容的创作能力。只有通过高品质、优质的内容，才能迅速让用户对企业有更深入的了解，并刺激用户产生购买欲。而要制作这样高质量且优质的内容，无疑需要一个专业的策划团队，要对用户心理进行深入的探索，重新包装品牌产品，以满足用户需求为目标来输出内容，只有这样才能更好地实现品牌转化。

第四章

直播带货细思量,入局还须巧操作

第四章 直播带货细思量，入局还须巧操作

直播成为电商新出口，众多电商平台和企业纷纷试水网络直播营销，大家都知道这是一个新的机会。但机会并不等同于成功，许多人步入直播电商后才发现，做好直播并非易事，尤其是从未接触过直播的人。要想做好直播带货，就必须把握好直播的影响因素，即流量、人、货、场、复盘，这是直播带货的五大法则。

1. 流量思维，网络营销时代的新风口

无论是眼下火爆的短视频，还是以电商为主的淘宝平台，或是朋友圈卖货的微商，都格外重视流量。对于想入局直播带货的新人来说，抢流量尤其是个技术活。

（1）打破瓶颈，建立私域流量

所谓私域流量，是指品牌或个人通过自身运营获得的流量，可以自由、直接、重复触达的流量，QQ号、微信号、社群里的粉丝或用户都属于私域流量。与之相对的是公域流量，是指品牌或个人无法控制的巨大流量池，淘宝、京东、拼多多、携程平台的粉丝或用户属于公域流量。

私域流量的用户黏性更高，转化率也更高。建立私域流量，无非以下几种方式：从公域流量里面捞流量到自己的私

域；从别人的私域捞流量到自己的私域；在自己的私域进行裂变，扩大流量池；把产品做得有自传播性。做直播带货，建立私域流量的方法是很多的，这里介绍几种比较容易操作和常见的途径和方法。

①价值定位。明确自己的个人价值、个人优势，然后发挥这些价值和优势，做有针对性的分享，吸引用户。比如，提炼出自己擅长的、具有专业水准的内容进行输出，以此建立信任感，赋予别人价值，从而实现精准引流。定位需要不断思考面向什么样的人群？满足他们什么需求？能提供给他们什么价值？

②找同类人。"用户在哪里"是我们要不断思考的问题，是朋友圈引流、小红书引流，还是微博引流？其实同类人分布在很多地方，社交平台上就有很多，我们可以利用地推的形式，在微信、微博、QQ、小红书等社交平台导入流量。利用微信群可以采取地推的形式扫码免费送，获取流量的概率也是很大的。微博引流可以在微博发动态，将微信群、微信公众号或个人微信号等二维码放在上面，只要在发布动态时说明是什么群就行。利用QQ群可以通过搜索加进来，用QQ引流来打造自己的私域流量。利用小红书可以通过优质内容导入精准粉

丝，但内容引流是一门大课，需要好好学习。

③内容设计。优质内容足以吸引用户，实现拉新和留存。优质内容应该阅读顺畅，给用户更好的阅读体验；并且是原创内容，尤其是具有独立思考的原创内容更为重要；也包括写出专业的内容；还有文章的段落、字体设置及排版等都非常规范。值得注意的是，如果发布内容的平台有标记选项，要添加适合自己的标记，否则流量不准会增加后续实现的难度。另外，平台算法上也无法确定内容发布者的账号属性。在内容为王时代下，优质内容已经成为引流利器。通过持续输出优质的内容对用户进行精细化运营，能够深层次触达用户，"圈"住用户，为流量变现打下基础。

（2）如何让直播流量变成销量

在带货主播的行业里，拥有大量粉丝是能力和身份的象征，这意味着销量会上升，企业也会蜂拥而至。要将流量转化为销量，我们应遵循以下几项原则。

①加强互动。直播带货中，现场互动交流要注重技巧。带货主播不仅要把好产品质量关，还要积极帮助用户计算折扣和推荐优惠。通过积极有效的互动，用户可以在最短的时间内买到质优价廉的好产品；主播则可以增加用户的黏性，最终提高销售转化率。主播在介绍产品时要时刻关注用户的点评和提问

并及时回复，同时也要充分发挥红包等福利功能，以增加互动性。

②以质取胜。直播带货，须以质取胜。很多人在直播间大说特说自己的产品价格低，但低价是一把双刃剑，如果销量增加而劣质品频出，不仅有损自身形象，对行业也会产生很坏的影响。另外，过多的折扣也不利于树立品牌形象和美誉度。因此平台方要始终把用户利益放在第一位，从供应链、流通链等全链条进一步完善"消费者权益"的保护机制；主播个人也应该对产品有一定的质量要求，实现真正意义上的销量增加。

③注重育人。要重视人才培养，打造"头部主播"。著名主播的火爆程度自不必说，可惜这种主播很少，大多数人都是普通主播。专家建议，为了行业的健康发展，相关职业院校应该和电商平台开展定制化培训，填补人才缺口；行业方面要建立行业协会，建章立制、出台规则，提高从业门槛和标准，对主播进行培训并持证上岗；特别是主播个人要加强学习，提升内功，日臻完善：兹事体大，带货主播不可不知。

2. 直播电商中的"人"

直播电商中的"人"包括主播和 MCN 机构，主播包括素人、网红和明星；MCN机构包括内容MCN和电商MCN。本节主要讨论主播。

过去的主播，往往是在直播间展示才艺获得打赏的秀场主播，而带货的电商主播则完全不同，他们以带货为目的，在直播间展示商品，促成交易。因此，除了才艺和颜值，能不能真正实现交易才是重点，这是考验一个带货主播的核心要素。

（1）卖货主播的分类

从直播带货整个行业来看，卖货主播主要有两大类，即专业KOL和店铺主播。专业的卖货KOL有一定的粉丝黏性，这与娱乐主播强人设属性不同，粉丝对商品的关注度很高；店铺主播除了个人店更类似于专业KOL这种情况外，本质是线下导购的线上化，但面对的用户群体和形式与线下导购不太一样。

随着粉丝数的下降，网红带货的比例也逐渐下降。所以抖音的用户对于达人带货一般都是接受的，达人是否受欢迎，关键是他们是否掌握了销售生活用品的能力。快手平台也是直播的沃土，快手平台的用户对于网红带货也是都喜欢接受的，这除了网红本身具备一定的销售能力外，快手平台成熟的挂榜涨粉机制也为冷启动的新电商创造了一条更快的涨粉路径。在

"头部"主播的盈利效应带动下,大批人员蜂拥而至,带货主播和MCN机构搏击蓝海,呈现百舸争流之势,共迎关键红利期。

值得一提的是,人力资源和社会保障部在新增的10个岗位中,增加了"网络营销员"专业下的"现场销售员"工种,这就是我们常说的"带货主播"。这推动了劳动方式的转变,体现了新业态的应用和普及已经融入人们的日常生活中。

(2) 直播间里的人与人设

主播是直播带货过程中非常重要的一个元素。只有在直播间里与用户持续地互动并最终实现转化,才能称为合格的主播。因此,作为"带货"的主播,他(她)的人设应该与产品相结合。一个优秀的主播不仅要在直播中自由地展示自己的才华,而且要在带货时介绍自己的产品甚至整个行业。只有这样,他才能说服用户并实现转化。

主播人设定位要精准垂直。这绝不是异想天开、一蹴而就的事情,带货主播创造什么样的人设,产品形象就在用户心目中是什么样的。所以,带货主播的人设必须与自己的实际情况和产品相结合。如果卖衣服连衣服的面料都说不出来、卖美容产品对化妆品和皮肤质量一无所知，那么这样的人设无疑是失败的。

除了对产品有很好的了解外，带货主播也需要有一定的销售能力。所谓销售能力，并不是说主播在直播间通过和用户聊天就可以销售产品，而是需要展示产品的亮点，了解用户的心理，这需要成熟的销售技巧。更重要的是，带货主播要善于挖掘用户的内在需求，尽可能满足用户的需求。

人设包括哪些方面？

①主播定位。能够做主播的人，只要有了自己的闪光点，凭这些闪光点，就能被粉丝喜欢。因此，可以和粉丝聊天，了解他们到底喜欢你什么。之后，就可以将这些喜欢的点当作你的优势和定位。

②主播和直播间命名。主播的名字可以让粉丝知道你是谁，可以让粉丝知道你到底是做什么的。因此，给主播和直播间命名时，要有自身的特质、定语、店铺产品的特性。

③粉丝昵称、粉丝团昵称、粉丝群名称。在直播间，很多主播对粉丝的称呼都是"宝宝"。其实，很多粉丝都反感被这样叫。叫粉丝时，要么直接叫他的名字，要么就给粉丝取一个专属名称，粉丝团和粉丝群同样如此。

④自我介绍。想让更多的粉丝记住你,就要先找到和粉丝之间的信任和共鸣。这里的信任来源于你的专业,比如,你以前学过的专业、以前从事的职业。共鸣,则来自你过去的经历、爱好或情感和观点,将这些内容直接告诉用户,就能获得不少粉丝,还能让你的人设更加立体和饱满。

⑤直播间介绍和欢迎语。每个直播间主播的定位都不尽相同,如果想让新进直播间的粉丝快速了解你,就要对直播间有个特别的定位。你要明白:直播间的特色是什么?属于哪个频道栏目?每天在什么时间段播出?当天要讲哪些内容?直播完了后,第二天要给粉丝带来哪些内容?优秀的主播一般都会在直播间重复这些话,以便吸粉。

3. 直播电商中的"货"

直播电商中的"货"包括品牌方和供应链。目前,部分高阶电商MCN对品牌方和供应链有把控力,供应链能力逐渐被强势电商MCN所内化。

对于带货主播来说,"货"的问题关键是选择供应链和商品,好的供应链能让带货主播在保证商品质量的基础上最大限度地实现盈利。

(1) 直播带货竞争的关键是供应链

看任何一个行业都不能只看"头部"企业，各行各业都有盈利的企业，如果不了解其背后的商业逻辑，大多数人只能成为炮灰。具体到直播带货行业，最有价值的不是主播而是"货"本身，而货又与供应链息息相关。无论主播多有名、多有口才，用户最终关心的还是商品的质量、价格和物流速度，而这背后考验的就是供应链能力。

带货的特点是大部分商品都是价格低廉、政策优惠的高频日用品，对于这样的商品，用户的决策成本很低，冲动消费的贡献很大。这也就是说，直播带货的真正门槛和核心竞争力是能否从供应链中获得足够价廉物美的商品，而竞争的关键是供应链能力！

对于带货主播来说，真正的供应链必须是 B2C 平台，比如一些知名的老资格互联网平台，因为这些 B2C 平台符合供应链逻辑，即连续链接、信息共享、无限放大。其实说白了，带货主播所指的供应链，是经过多年沉淀的选购团队和优质供应商的资源，加上私域渠道优势吸引的一些优质的商品和供应商，归根结底都是供应链经历和经验的长时间沉淀。

(2) 直播选择合适产品的方法

目前，带货主播可带的货已经呈现出了百花齐放的局面，涵盖了女装、男装、美容化妆、鞋包、配饰、食品、家装、小家电、农产品等门类，甚至出现了"车""房"等类别在线直播销售的现象。事实上，当用户在直播间购物时，优质的产品可以加深用户对主播的信任，产生再购买欲望。但是，如果是劣质产品，既不利于主播带货，也不利于塑造主播的良好形象，更有损于品牌声誉，正所谓"不怕用户少，就怕货不好"。

对于直播带货产品的选品方法，下面是常常会用到的技巧，利用这些技巧有助于主播选择合适的产品，从而提升转化率。

①选择与账户属性关联的产品。以美容为主的账号为例，选择与美容相关的产品，一方面是因为主播对产品的熟悉度很高，另一方面也符合粉丝对账号的期望，这更有利于提高转化率。

②选择主播自己使用过的产品。只有当主播使用了这款产品，才能知道它是否适合粉丝的需求。任何一款产品，其特点、使用方法、推广方式等，在主播得出结论之前需要亲自测试一下。只有根据实际体验，在直播室向用户推荐这款产品，才能让产品更有说服力。

③根据用户需求选择产品。用户之所以关注主播，是因为主播的特定属性可以满足他们的需求，所以当主播选择产品时，一定要了解自己直播账号上用户的需求。例如，用户的年龄层次、男女比例、兴趣爱好、产品需求等。为了了解用户，主播可以借助数据分析工具进行分析，弄清自己账号中的用户画像，然后根据用户的需求补充产品品类，以满足用户的需求。

④选择热点产品。直播带货产品的选择也可以像发视频蹭热点一样来蹭实时热点。比如端午吃粽子、中秋吃月饼，以及夏天的小扇子、冬天的暖手宝等，都是可以实时蹭热点的产品。无论用户是否需要这个产品，在那样一个时间节点上，都会引起用户的高度关注。即使用户没有购买，他们也可能会在你的直播间里就相关话题展开热烈讨论，这就提升了直播间的热度，有助于互动或卖出别的产品。

⑤选择性价比高的产品。在保证质量的基础上，产品的性价比也非常重要。目前，大多数主播对提升品牌价值的帮助有限，他们带货成功的主要原因就是性价比。事实上，无论是哪一个直播平台，性价比高的产品在直播带货中都会更有优势。

⑥选择适合自己的产品。直播平台上会有比较热门的产品

类别，比如美妆产品、零食产品、家电产品等，主播可以从这些产品类别中选择自己擅长、与自己的账号合适的产品在直播间销售。

⑦选择颜值高、轻便的产品。我们可以从"头部"主播的直播带货中学习经验，但也需要根据自己的实际情况来选择。另外，在直播间内销售商品时，用户无法触摸到实物，那些颜值高的、轻便的产品看着就让人赏心悦目，用户的眼球也肯定会被吸引过来。

⑧选择复购率高的产品。直播带货的主播其用户相对稳定，其中绝大多数都是老用户，迅速增加新用户并非易事。因此，产品的购买频率既影响收益也影响用户的活跃度，主播如果处理不当，老用户也很可能会走掉。所以，选择一些复购率高的产品效果会更好，不仅可以稳住老用户，还有可能带来新用户。

4. 直播电商中的"场"

直播电商中的"场"包括平台，目前这些平台已经从纯电商平台和纯内容平台转变成了内容电商化和电商内容化。在阿里生态的语境中，场特指消费场景。

直播带货归根结底也是一种电商形式，不过不同的平台有着不同的规则和玩法，这是主播需要熟知的。在此基础上，直播间场地的设置也非常重要，直播间产品的成交程度取决于主播和产品的展现形式。

（1）直播平台的选择

如果说直播成为电商的标配，那么所有的流量平台从理论上说都有机会切入直播电商。目前切入直播的平台主要有两大类，即内容社交平台和电商平台。这些平台的规则和玩法各有不同，这方面可以参阅本书前面的专章介绍。至于这些平台的利益链切分则较有共性，即企业承担5%~10%的平台抽佣，带货主播享有10%以上的佣金分成，某些主播还会收取服务费，即上链接的坑位费。

内容社交平台的核心在于把握了人的因素，电商平台的核心在于把握了货和场的因素。内容社交平台和电商平台切入直播电商从逻辑上来看是最顺的，所以这两大类别的平台在发展电商直播时，更加具有潜力。

（2）直播间搭建的实用攻略

直播电商是通过直播的形式进行卖货，所以直播间场地的搭建也异常重要。直播间的搭建往往决定了用户的第一印象。

比如，销售甜美服装的主播，如果搭建一个粉色系、挂满了漂亮衣服的直播间，就更能增加用户停留时长。下面就从场地、背景、产品陈列架、产品介绍板和主播走位设置五个方面来看看直播间的整体搭建工作。

选择场地。一个高质量的直播间应该是饱满而不拥挤，不仅让用户感受到直播间的丰富和舒适，而且也不会显得太过拥挤。直播间的场地规模应根据直播内容进行调整，大致控制在5~20平方米。比如，美妆直播一般5平方米的小场地就足够了，而穿搭、服装类的直播则应选择15平方米以上的场地。此外，直播间场地的隔声和回声情况应提前测试。如果隔声不好或回声太重，会影响正常直播。如果实在找不到适合直播的场地作为直播间，可以考虑直播基地。在杭州、广州等沿海地区，只要有一个足够大的仓库，一部分作为展示直播间，然后依次隔出选货区、陈列区，甚至直接就是仓库，就这样满足了"人货场"三要素。离货更近，离主播更近，也就是离消费者的需求更近。选择类似这样的直播基地，就可以在租下来简单装修后，便进行直播。

背景设置。场地确定后，要对直播间进行适当的划分和设计，考虑每个部分需要放什么，并测试镜头呈现的效果。直播间的背景应该与直播封面的背景相似，不能太花哨。建议整体采用浅色系，如浅灰色、灰色等冷光色系，这样的墙纸和布可以在网上买到，也可以用一些实物来代替，比如窗帘和窗户等。一般情况下，不建议直接使用白色墙壁作为背景，因为白色会在光线的作用下反射光线，在展示产品时用户对镜头模糊、视线不清，就容易造成困扰了。

产品货架。在确定了直播间的背景之后，就应开始考虑产品展示架，它是放置在直播间中的一个货架。有些直播间的展示架置于摄像机镜头外面，需要展示什么样的产品时，主播再去拿过来，其实这会在一定程度上影响用户的观感。产品展示架并非不可缺少的，但如果直播间不是很小，建议把目前直播的产品放在展示架上，并让它显示在镜头里。产品展示架的风格也不是一成不变的，需要根据直播内容和特点进行调整设置。一般来说，服装直播间会有一个里面摆满了衣服的衣架，美容直播间会有一个小梳妆台，鞋类直播最好准备一排鞋架。选择展示架既能更好地展示产品，也要让直播间看上去整洁有序，按照这两个要求去做就可以了。

产品介绍牌。主播介绍产品时，产品介绍牌可以充当助手，起到补充说明的作用。在搭建直播间时，产品介绍可以设置为电子版，或者使用家用投影仪。用户看直播的时候，经常看到主播后面有一块小黑板，上面写满了字，其实它就是一个简单的产品介绍牌，其缺点是不能随着产品的变化自动切换。而电子版的产品介绍可以根据主播的节奏而随时切换，并且是动态播放的。从用户的心理层面来说，主播的介绍是基于产品本身的，但电子版播放广告或宣传片所打造的场景，有助于唤醒用户以往消费的记忆，使其做出购买决定，从而促成交易。

主播走位。服装类和运动类的直播一般都设置主播走位。要提前设置主播的走动位置，要最大限度地调整能显示产品效果的角度，并考虑主播的位置是否能随时显示产品的优点，这样主播只要在指定的区域和路线上就不会出错。路线设置可以用一句话概括为"两点一线一区"，"两点"是指主播近景显示细节的位置和他走到最远距离定格姿势的点，"一线"是指主播走动路线的划定，"一区"是指主播的活动区域，要提醒主播在直播时不要超过这个区域。

以上就是关于直播间整体搭建需要学习的内容。当然，在真正进入直播时还需要一些准备，这属于另一个话题的内容，在后面的章节中有详细说明，这里暂不展开。

5. 复盘反思优劣，有效提升直播效果

每一场直播结束不是立刻发货，而是要抓紧时间进行复盘，梳理直播的优劣，记下可以提高的方面，不论直播结束时间有多晚。如果直播结束了就完全结束了，那你的直播间就一直在起跑线徘徊，难有突破。

（1）在复盘中成长

首先我们要明确复盘上次直播是非常重要的，回过头重新来看整场直播，我们至少可以得到三个方面的收获。

第一，让工作流程化。凡事都有规律和过程，直播也一样。在直播过程中，主播可以运用一些策略和技巧，这样就会收到事半功倍的效果。但这些方法并不是普遍适用的，所以不能被"方法"限制住，因为每个直播间都是不一样的。主播应根据自己的特点以及直播间的整体风格来探索和选择最适合自己的方式方法。复盘的目的是让直播间的工作更加流程化。

第二，不断发现错误和纠正错误。在复盘直播过程中，主播常常会发现自己直播中有一些不该出现的失误甚至错误。比如，自己不爱说话，就等着用户主动和自己聊天，还有的即使用户主动说话了，自己却表现出爱答不理的样子；忽略用户信

息,没有及时反馈;带着情绪工作,耍小脾气等。通过复盘,发现并纠正这些错误,才会使直播一次比一次进步。

第三,把经验变成能力。每一个主播在直播过程中都会遇到突发情况。如果能够解决,将不断积累经验,今后更能冷静应对突发事件,主播通过不断锻炼自己,就能够把这些经验变成自己的个人能力。对于一个主播来说,培养自己的能力可谓意义非凡,是进阶大主播的必经之路。

(2) 复盘直播的注意事项

在复盘直播的过程中,有几个点需要主播特别注意。

第一,不要忽视数据分析。直播结束后,必须进行数据统计和数据分析,将此次直播的数据与以往直播的数据进行横向和纵向对比,找出数据背后的具体原因。比如,用户在直播间的停留时长,用户转化率,或是其他情况等,都能在数据中反映出来。

第二,不要忽视用户的活跃度。大多数主播都比较关注自己的用户在直播间的活跃度,因为用户的活跃度在一定程度上决定了直播的成败。不过有的主播不太关注这些,他们认为用户能来更好,不来也不强求,其实这是一种消极态度。殊不知,没有用户到你的直播间,哪来"带货"?用户的活跃度,归根结底，体现了用户的信任感。只有信任，带货主播才能在直播间里卖东西；只有出于信任，用户才能在直播间里和主播聊天。所以，主播一定要认真分析有关用户活跃度的数据，并致力于增加用户的信任感。

第三，注重分析直播间的用户转化率。直播间的用户转化率体现在进入直播间观看的用户是不是新用户。一场直播结束后，究竟能有多少人成为你的用户？这需要通过数据分析才能获得精准的结论。如果有新用户，说明主播成功地实现了从公域流量到私域流量的转换。如果没有新用户，说明主播仍然在自己有限的私域流量中徘徊。

第四，及时进行调整完善。在对所有数据分别进行比较之后，主播有必要记下改进之处，并在下一次直播中加以实施。如果想等到第二天或睡觉后再做这项工作，就很可能已经忘记了。

6. 根据不同段位，做好人、货、场排序

对于入局直播的人来说，直播运营必须循序渐进，要从人、货、场这三个角度去构思直播带货的行业。这个渐进的运营过程可以划分为尾部、腰部、"头部"三个阶段，而每一个

阶段的运营重点都是不一样的，主播要根据自己现阶段的实际情况做好定位，然后围绕某一块发力，日渐积累，最后登堂入室。

（1）尾部阶段：场、货、人。尾部阶段的主播处于尝试直播的阶段，这时要做优先级排序，即场、货、人的顺序。

场排在第一位，就是说要营造直播间的内部场景，也包括熟悉自己所选的平台的规则。直播间场景和平台规则都是排在第一的场。之所以将场放在第一位，是因为初尝直播的人，需要在直播间的环境下展现出主播及品牌的实力，以便与用户建立信任。

货排在第二位，就是说产品或者说品牌必须有一些竞争力。产品的核心竞争力一是基于你选的平台，平台提供的产品质量过关；二是基于价格，可以主打性价比，产品要物美价廉，如果是品牌货就更好。

人排在第三位，就是说这时的主播还没有实力，要依靠能力培养来逐步塑造自己的形象。比如在选品能力上，产品不行就是选品工作没有做好，那么主播这个"人"也不会有销售额，也不会形成自己的特色。

（2）腰部阶段：货、场、人。随着从事直播时间的推移，主播各方面能力有了一定的提升，销售额每个月都在30万~50万元，进入腰部阶段，这时主播就要再一次进行优先级排序，即货、场、人的顺序。

货之所以排在第一位，是因为主播要将直播间作为展示货的一个销售窗口，所以货品自然要放在第一位。货对于腰部阶段的主播的重要性在于：质量过关且价格合理的货能够帮助主播在产品同类型竞争中快速突围，用货品的供应链优势去碾压对方，更快地从腰部主播突破到"头部"主播。

等到了"头部"主播阶段，用户已经有一定体量，那时再去研究每个平台的竞争对手和产品品牌。比如快手主要看性价比高产品，包括快消品、尾货等；抖音则更偏向一些符合年轻人调性的产品。这就需要腰部阶段的主播去组织平台与货品的匹配。在直播大火的趋势下，如果主播不在腰部阶段成功突破，那么其流量是无法上一个新台阶的，也就与"头部"主播无缘了。

（3）"头部"阶段：人、场、货。到了"头部"阶段，主播需要进行又一次的优先级排序，即人、场、货的顺序。

人之所以排在第一位，是因为这时的主播需要塑造人设，进而进行人格化运营。很多电商主播看起来特别像导购和销售员，他们的内容能力、传播能力不足，在短视频、微博图文这些领域做得不好，其中的原因，人设不明是个重要问题。所以就需要合力组织去推动弥补这些短板，把自己的人设打造出来，这样才能把主播影响力放大。

第五章

修炼好心态,直播才能走得更长远

第五章 修炼好心态，直播才能走得更长远

直播心态很重要，一场心态好的直播会让你的收益增多，但是如果一场心态不好的直播可能会让你的真爱粉离开你的直播间。带货主播亦是公众人物，心态好、素质好永远是公众人物的必备要求。直播带货是一个积累的过程，那些大主播也是从一个默默无名的小主播一点点地积累起来的。只要努力调整好心态，你就会在某天受到用户的欣赏，自己也将爆发出来。

1. 调整好心态才能耐住性子

一个新人主播，前期粉丝不会很多，收入也不会很高，这个时候就要稳定自己的心态。比如当直播间没有粉丝时，学会转移注意力，开启自嗨模式，自己进行唱歌等才艺表演。只要调整好心态，耐住性子，就一定会大有改观。

（1）做好情绪管理，拥有良好心态

对于一个成熟的带货主播，心态最重要，拥有一个良好的心态，直播间就会有人观看，并且有助于留住他们。相比之下，更多的人则因为巨大的压力出现了许多负面情绪，内心得不到安全感。

主播负面情绪从何而来？一是痛苦，每天播两个小时，但直播间很少有人，感到尴尬，于是心里十分难受，开始坐不住了。二是焦虑，每日开播数小时也没有用户下单，礼物收入不见上涨。三是愤怒，直播间天天有黑粉（指不是传统意义上的粉丝，而是基于利益对特定明星实施抹黑作业的群体）来直播间讽刺、挖苦甚至谩骂。四是迷茫，不知道自己直播出现了哪些问题，一直提高不了粉丝量和销售额。

面对直播过程中出现的负面情绪，最重要的是学会转移注意力不能仅仅是为了直播而直播，要做自己感兴趣的事情，这样你就可以摆脱负面情绪。比如，喜欢唱歌，可以把直播间当成KTV，尽展歌喉，直到自己心满意足，不管有没有人在看；喜欢跳舞，可以把直播间当成舞蹈练习室，酣畅淋漓地展示自己的舞姿；喜欢玩游戏，可以把直播间当成网吧，直播间里的用户就像在网吧里玩游戏的人们一样。这样，一些负面情绪和痛苦感就没什么大不了的。

另外，用户之所以看直播很多时候是为了消遣，为了打发时间，也是一种娱乐休闲。如果主播动不动就乱发脾气，用户就会被吓跑。直播也是一份工作，不要带着情绪工作，不要把坏情绪施加在用户身上，否则会给你的用户留下不好的印象。用户来直播间，是找快乐、缓解现实压力的，不是听你抱怨，看你愁眉苦脸的。让自己快乐起来，才能将快乐的情绪传递给用户。情绪管理的步骤如下。

①直播前的情绪调整。直播前,主播需要做的事项比较琐碎,再加上马上要直播的心理压力,经常会出现一种烦躁情绪。其实,越是在这种时候,越要学会放慢节奏,慢慢厘清头绪,不能遗漏什么;可以做个深呼吸,不被环境氛围影响,达到一种"身处喧闹,心静如水"的状态。这个阶段不能亢奋,不能太低迷,要保持一个较平静理想的情绪,才能处变不惊地做好直播前的工作,为即将开始的直播打下坚实的心理基础。这里有个调整心理情绪的小技巧,不妨试试:准备完成直播前的所有事务之后,鼓励一下自己,在心里暗示自己:"我什么都做好了,只管好好直播就可以了。"这种鼓励与心理暗示,能帮助你迅速将情绪调整到最佳状态。

②直播时的情绪抑扬。直播间如战场,在直播期间,一定要保持适度的亢奋和热情,让观众觉得主播是充满活力与鲜活的,如此才容易给他们留下深刻印象,才能吸引他们驻足观看。直播时,主播的状态代表了直播间的状态,想要让直播间充满生命力,主播首先就得活跃起来。但是,也不能太过长时间地张扬亢奋,否则不仅主播会感到累,观众也会产生心理疲惫,一定要动静结合,张弛有度,该扬的时候扬,该抑的时

候抑。

③直播后的情绪复盘。直播结束后,最好主播自己先安静待一会儿,什么都不要想,就是休息放松,等情绪平复、思绪脱离出直播的状态后,再带着平常心去进行直播复盘或货品整理等播后工作。直播结束做分析和复盘,可以避免下次发生同类错误。其实,复盘分析法也包括情绪复盘。每次情绪波动后,无论结果是好是坏,都要做一次分析和复盘。分析得越是透彻,对情绪的掌控力就越强,下次遇到同类问题就不会手足无措,也不会因情绪失控而犯下其他错误。

(2) 稳住心态,增加耐心

不少人都说只要主播愿意花时间、愿意吃苦就有钱赚,但是前期每天成交量非常低;尤其是新人主播,在前几个月没有粉丝、没有成交量,寂寞和迷惘是非常难熬的。面对这种情况,只有拥有一个良好的心态,才能坚持下来。

作为一个新人,粉丝一定不会太多,收入也一定不会很高,此时最应该做的就是稳住心态。用户来到你的直播间,你有没有什么亮点?你和其他主播在外观上没有太大的区别,用户为什么要留在你的直播间观看你的直播?因此,新人无粉的问题必须想明白。

知道了自己的不足,就要下功夫学习,只有坚持才能做好。每天要按时直播,保持在线时间的稳定并规律在线,在线时长也决定了收益情况,而且粉丝也需要陪伴。其实,做好直播无非就是时间的问题,你坚持了一天,那你就多了一个机会。直播就是明天比今天多一份成长,明天比今天更努力,因为你努力了,直播间气氛做上去了,直播就起来了。做直播需要持之以恒、坚持不懈地努力,直播时间久了,形成了自己的风格、特色,就能很好地吸引、留住用户,实现成交。

良好的心态能够延长主播的直播时间,增加主播的耐心。举个例子,刚开始直播时很多主播都没有良好的心态,也没有观众,可能直播了两三天就停止了。其实,只要在开播前主播调整心态,完全可以坚持直播一两个星期。

主播需要具备的心态有以下几个方面:

第一,永远不要等着观众主动来找你聊天,不要做一个只会回答问题的主播。记住,观众想不想跟你聊天,很大程度上是由聊天内容来决定的。

第二,要和长时间待在活动房里的观众交流,不妨做一个百变的表情包,把所有快乐直接印在脸上。记住,没人愿意跟一个面无表情的人聊天。

第三，遇到喷子（指爱好胡乱指责他人而不通情达理的人）、黑粉言语辱骂、调侃等情况，要面带微笑。

第四，直播期间关注发言，及时回复别人的问题。如果不愿意回答，可以敷衍，但不能不理；不好听的话，可以禁言，但不能对骂回去。优秀主播通常都有极高的服务意识，能够带给观众满足感、认同感、归属感和存在感。

其实，主播也是演员，一定要记住自己扮演的角色，无论是演绎自己的生活，还是扮演别人的朋友，悲喜都要随心展现，真情都要融入流露，才能真正做到入景、入戏和入心。

2. 聊天有内容，用户才愿意互动

主播不要做一个只会回答问题的人，用户想不想和你聊天，很大程度上是根据你的聊天内容决定的。如果你的聊天内容是用户好奇的，那么他们自然会与你一起互动。但是如果你的聊天内容并不能引起用户的好奇心，那就要主动找话题，让用户来说说他们的看法。

（1）学会引导聊天，别等用户主动说

作为主播，必须主动寻找话题，引导聊天，而不是等着用户主动跟你说话。永远不要被动、哑口无言，只有当我们开启

第五章 修炼好心态，直播才能走得更长远

一个话题，才能和用户沟通交流，让用户跟随我们的思路，逐渐和用户越来越熟悉。网络直播最重要的是学会与人互动，当用户心情不好的时候，主播应该是一个好朋友；当用户无聊的时候，主播应该尽量谈论他们喜欢的话题。只有把用户当成朋友，真诚地回应他们的问题，积极主动地了解他们的事情，分享他们的生活趣事，他们才会愿意来到你的直播间并留在这里。

引导聊天内容也是一门学问。有经验的主播跟用户都是聊得很开心的，绝不会扫其兴致。他们跟用户聊的不一定是事实，但一定要火爆，让其瞪大眼睛、热血沸腾，这才叫会聊天。由此可见，学会了引导聊天，会让你在以后的交流甚至是谈判中获得优势。

①用户进入一个新的直播间，如果氛围消沉，又对主播讲述的内容不感兴趣，很快就会走掉。这种情况多出现在新人主播的直播间，为了减少这类问题，主播就要主动与用户打招呼，用自己的热情来吸引用户的关注。对于留下来的用户，要主动创造话题。比如，我对这个事的看法……你们觉得呢？也可以跟大家聊一聊最近发生的一些热梗、比较火的电视剧等，尽可能降低话题门槛，让每个用户都参与进来，引发共鸣，让

直播间的氛围热闹起来。

此外，带节奏也是营造热闹氛围的一种方式。带节奏一般出现在观看人数较多的直播间内，只要不是很过的节奏，主播都不会说什么，最多说一句"别被带节奏了"。带节奏很容易把直播间的氛围带到新高度，这也是一种解决尬聊的方法，通过节奏让用户之间沟通，帮助主播解决聊天问题。

②直播系统该做的。直播系统能在功能上弥补互动少的缺点，解决直播间氛围淡的问题，如抽奖、各类小游戏、广告发送福利等。

抽奖。发送弹幕系统随机抽取几位幸运儿，直播间的弹幕数量会瞬间提升，游离的用户注意力也会被重新拉回直播间。

小游戏。可以帮助用户解决无聊的问题，如果用户对主播内容不感兴趣，但又很喜欢主播不想离开，就可以跟他们玩直播间的小游戏，轻松自在一些。

福利。在大主播的直播间，可以让用户推销某款游戏。当然，不是白推销，要给用户发送一定的红包福利，金额不能太低，既能让用户买账，又能调动用户的积极性。

当然，在提高直播间用户积极性的同时，还要控制直播间氛围的走向，不要被黑粉恶意带节奏。直播系统要增加拉近主播与用户互动的功能，只要不断更新迭代，才能持续向前发展。

（2）找对直播话题，就成功了一半

如果用户聊电影或导演你却不知道徐克是谁，如果用户喜欢《七里香》你却不知道谁是周杰伦，那么用户只能说你"可爱"，不可能欣赏你。这个话题不欢而散，下一个话题如果你还不熟悉呢？所以，主播要想让用户和你聊天，不仅要自己主动去找话题引导用户，还要每天准备好聊天的话题内容。

直播话题的内容可以说才艺，可以说八卦、新闻、热点事件等，有才艺的准备好要表演的才艺，没有才艺的要准备好话题，没有话题的去度娘。有内容的话题才能和用户有话可说，不然一直被用户带着走，完全没有自己的话题，你的直播也就没什么可看的了。

为了更好地用问题控全场，就要关注以下几个方面：

①引发兴趣。为了引发人们的兴趣，可以采取你问我答的方式，即抛出问题—评论互动—抛出下一个问题。比如，"大家觉得橘色大衣好看，还是黄色大衣好看？各位宝宝想要这件衣服吗？想要的可以扣1。"

②提出问题。比如："大家想不想知道咱们这个产品有什

么强大的功能？想不想了解今天的优惠政策究竟有多大力度？"

"各位，想不想知道怎么样成为一名演讲大师，开口就能收入赚钱？"

③回答问题。回答问题时，要注意以下几点。

如果粉丝直接跟主播提出了试穿的要求，说"想将几号宝贝试一下"，就说明粉丝对该宝贝至少产生了兴趣，要耐心讲解。可以说："小姐姐先按正上方红色按钮，关注主播，主播马上给你试穿！"

如果粉丝问，主播多高多重，就说明粉丝没有看背后信息牌的习惯，可以这样回复："主播身高170厘米，体重60千克，穿S码。小姐姐也可以看一下我身后的信息牌，有什么想看的衣服也可以留言，记得关注主播！"

如果粉丝问，身高不高能穿吗？体重太胖能穿吗？这时候，就要耐心引导讲解，可以说："小姐姐报具体的体重和身高，主播才可以给你合理的建议。"

如果粉丝问，主播怎么不理人、不回答我的问题？这时候，就要安抚粉丝的情绪，否则会永远失去粉丝。要说："小姐姐没有不理你，如果我没看到，你可以多刷几遍问题，不要生气。"

如果粉丝问，3号宝贝多少钱？这类粉丝一般都比较懒，但已经表现出想购买的意思，要耐心解答。可以说："3号宝贝可以找客服报主播名字，领取5元优惠券，优惠下来一共39元，屏幕左右滑动，也可以看到各个宝贝的优惠信息，喜欢这件衣服赶快下单。"

3. 运用表情和动作调动直播间气氛

没有人愿意与表情死板的人聊天，也没有人愿意与动作僵硬的人互动！很多新人主播在直播中最容易犯的错误就是表情和动作不够丰富，这也是许多新人主播不够受欢迎的重要原因之一。主播要善于运用丰富的表情和动作调动现场气氛，尽量与用户沟通，提高每一位用户的参与感。

（1）表情包是一种新型社交方式

"表情包"在网络当中如此流行，是因为表情能够深入人心。主播可以百度一下一些明星的表情包，去参悟为什么这些表情包会流行。能流行必定带来粉丝，而有了粉丝就有了经济利益。

表情包本质上是一种流行文化。随着社会和网络的不断发展，人们的交流方式也随之发生了变化，从最早的文本交流到一些简单符号、表达等的使用，最终逐渐演变成一个日益多样化的表达包。这类图片大多风趣搞笑，构图也很夸张，主播通过收集和分享这类图片，可以让用户获得趣味性享受，从而得到用户的认可，同时也能展示主播自己的个人藏图，获得心理上的满足。

（2）动作和表情塑造着主播的个性

主播在直播间有的时候不仅要有丰富的表情，还要有丰富的肢体语言。动作和表情能丰富直播内容，也塑造着主播的个性。主播的喜、怒、哀、乐通过丰富的神情和动作表达出来，才更容易感染用户。用户看直播不是想看个木头或是花瓶，而是想看到一个丰富多彩的主播。

表情和动作涵盖了各种技术和手法，主播要努力培养和提高这些表演技能：要有想象力和创造力，以生动鲜明的风格表达出多方面的状态；要注意直播的语气、语调、眼神、手势、身姿等，把所有快乐都表现在脸庞上，把所有开心都体现在动作中。比如，除了多笑，还有剪刀手的卖萌、手比爱心的温馨、吐舌头的调皮等。不要小看这些细节，这些会让用户们受到感官刺激，不仅感受到你作为主播的积极与热情，更容易对你产生好感，从而更有意愿消费。

主播应该有自己独特的表情和肢体动作，这样才更吸引人。为此，可以设计一套自己独特的表情和动作，比如用户进入或离开直播间都有一个欢迎的动作或者表情。有了这些独特的表情和动作，能让用户记忆深刻，那么用户下次就愿意进入直播间。

当然，要想丰富表情和动作，可以采用如下几种方法。

①入境。只有身临其境，才能做出相应的表情。因此，主播在做直播的时候，要将自己融入产品介绍中，沉浸在直播的环境中，跟直播内容完全融于一体。

②夸张+反复。要想让直播更有吸引力，就要采用夸张的手段，做出夸张的表情。同时，也可以采用反复的手法，多次重复一个动作，加深人们的印象。

③照镜子互动。为了提高表情的丰富性，可以在自己对面放一面镜子，主播随时都能看到自己的表情，并随时做出调整。即使是唱歌，也可以在演唱的过程中，增加一些灵动的小手势和表情。

4. 主播如何对付黑粉

做直播肯定会遇到一些黑粉，讲一些无礼、调侃之类的话，怎么办？请记住，你是一个有职业素养的主播，不要爆粗口，不要回骂，要努力化解。关键是心态一定要放正，不要有过多的情绪。

(1) 黑粉也是一种关注

每一位主播在直播过程中都会遭遇黑粉，这是普遍现象。面对这种情况，主播将其全部赶走不现实也不明智。其实，直播遇黑粉，直播间的人气就高了，热度增高，就会有更多的用户进来关注你。从这个意义上说，遭遇黑粉不能发怒，黑粉也是粉，并且是可以引流的粉丝，主播应该有这种积极的心态。

所谓黑粉，是在网络上恶意挑拨别人粉丝之间关系的人，也指直接抹黑或攻击别人特别是明星来抬高自己的人。对于主播来说，黑粉可能是一个进入你直播间的路人，也可能是一个你竞争对手的粉丝，但是无一例外都是在找着你的"黑点"来黑你，用你无法忍受的语言、无法理解的逻辑，对你做各种"喷"，让你失去直播的优势，让你的粉丝离开你。他们最显著的特点是负能量爆棚，喜欢逮谁喷谁，喷人的方式是诡辩加歪曲加嘲讽。在他们眼里就没有正能量，任何事情达不到他们的要求就要喷人。这种无脑喷、为喷而喷的黑粉，都认为自己的智商要高于别人，自己都达不到的目标别人更不可能达到，其实他们是极端的个人主义者。

许多主播不管有多么努力，多么优秀，直播间总会遭遇喷人的黑粉。比如，嫉妒主播长得太漂亮，喷；不喜欢主播直播的内容，喷；主播今天状态不好，看起来没精神，喷……这个时候，主播尤其是新人主播常常特别气愤，于是，按捺不住的内心小宇宙就爆发了。有的一阵猛怼，恶语相向；有的干脆将他们踢出直播间；还有一些主播将其视为无物，自己依规禁言。其实，这些处理方式虽然快捷，但不能给主播带来任何好处。

黑粉确实可恶，但主播对待他们不能太认真，认真就输了。直播间里的用户更多的是喜欢主播的，主播只要看到这些人就够了。至于那些黑粉，没有必要在镜头前辩驳什么，谁成长的路上不经历些风雨呢？

记住，黑粉永远是贵人！无论主播多完美，都会遭到某些人的侮辱、谩骂和攻击。遇到这种情况，如果主播感到无所适从，尴尬生气，甚至对骂发火，都是正常的，但其实只要利用好了这种群体，也可以提高个人魅力，让别人感受到主播的大度和涵养。

小黑变大黑，是一场完美策划案。只要能制造出话题，任何行为都可以变成宣传。比如：

①哎呀，我特别感谢我的第一批黑粉，你知道吗？那是我的第一批黑粉啊！哎呀，我以前没有粉丝，只有黑粉。

②我的这群黑粉真的是太敬业了，每天都组团而来，还是固定时间来。除了吃饭睡觉的时候，他们都在。我真的很感谢他们，因为他们给了我无穷的动力。

③黑粉给了我改正错误的机会。我是一个很不服输的人，听到别人指出的问题，我就知道了：自己还是有很多做得不够的地方。

④我一直都在改变。现在回过头去看一下以前的直播，哎呀，真的没法看。所以，怪不得我有那么多的黑粉。我会再接再厉，继续努力的！

(2) 应对黑粉的正确措施

对待黑粉，除了积极的心态，还要有正确的应对措施。一方面，要在笑脸的状态下给攻击你的人以有效反击，这样既能给闹事的人警告，又让人感觉你是个大度的主播，让用户觉得你这个人不错；另一方面，应与自家直播间的房管加强沟通，建立相应的弹幕管制制度。

首先要稳住内心的波动,不要怼黑粉,因为这样做本身就是个不理智的选择。主播完全可以把黑粉看成自己直播路上的历练,经历过一次次被黑被吐槽之后,你会修炼起无比强大的内心。事实上,很多既有人气又聪明的主播,几乎没有花费太多精力去和黑粉较劲,因为他们不仅深谙这个道理,而且善于运用技巧予以应对。

比如,黑粉说你丑死了,你长得真难看。主播就回应说,你应该谢谢我,我要是长得好看你还怎么活啊?我的丑让你的颜值上了一个档次。

再如,黑粉在公屏发了一个呕吐的表情,表示吐槽。主播就回应说,要命不要钱,我多么善良多么朴实,你还有什么可挑剔的呀!或者说,你不喜欢我管不着,但你不能嘲笑我的梦想!

还有的主播对黑粉采取无视的做法,于是会这样说,人家粉丝那么多!评论那么多!根本看不过来!人家能看到的只有车队、舰队、火箭雨!

有的时候,主播的死忠粉会去围攻黑粉。对于这种情况,主播可以这样说,你们别这样,虽然他骂我,但是一直留在我的直播间,说明还是喜欢我的!或者说,他只是想引起大家的注意而已。

值得一提的是，也许在直播中你会经常看到一些令人生厌的侮辱、引战、无意义的弹幕，但作为一名主播，如果你在直播间这种公共场合对他们做出回击，反而会激发这些人的热情。在这里发射弹幕的人处于"霍桑效应"（当人们意识到自己正在被关注或者观察的时候，会刻意去改变一些行为或者是言语表达的效应。）中所说的被观察的状态，本质上说他的行为对你来说毫无意义，因为你到处可以看到这样的弹幕。为了避免他们做出进一步的引战举动，最好的应对方法是忽略，而不是争论。

除了有效应对外，重特大弹幕事故也需要及时处理。中国网络视听节目服务协会颁布的《网络短视频平台管理规范》中要求："网络短视频平台实行节目内容先审后播制度。平台上播出的所有短视频均应经内容审核后方可播出，包括节目的标题、简介、弹幕、评论等内容。"这无疑有利于弹幕的长远发展。目前，各短视频平台均设有人工运用审核团队。主播应加强与直播间房管即审核人员的沟通，制定弹幕管制的规章制度。比如，对于议论政治敏感话题的，碰到立刻拉黑；对打广告的直接封禁，对地域黑的直接源头封禁；对发低俗信息的，可以先警告，再犯者拉黑；

等等。

总之，主播一方面要对人友善，不要去喷别人，哪怕对方做的是错的，也应该努力去劝导，不要随意去评论和批评别人；另一方面也要积极采取行政手段予以解决。

下面是一些直播间经典对话，供参考。

场景一

用户：

你丑死了。

你长得真难看。

主播：

你应该谢谢我，我要是长得好看你还怎么活啊？我的丑让你的颜值上了一个档次。

我丑我任性，我还敢来直播，你美你待家里干啥呢？

你……你……你……是在预言我会成为下一个马云吗？

场景二

用户：

"唱歌真难听，在这里瞎号啥。"

主播：

"将就着点吧，说不准哪天我就回家种田，靠我辛勤的双手缔造美丽的家园了，到时候你想听都听不到了！"

"唱歌容易，听歌不易，且听且珍惜。瞎吵吵啥！"

"要命不要钱，我多么善良多么朴实，你还有什么可挑剔的呀！"

5. 关注用户的反馈，优化直播过程

对于用户的反馈，有的主播反应不佳，其表现大多为不说话。不爱说话主要有两种情况，一是不知道要说什么，二是有一搭没一搭地应付。如果是前者，主播就应该提前准备好直播内容和话题，开播时按照话题说，可能有些用户对你的话题产生兴趣，于是开始搭话。如果是后者，主播要放下架子或者调整好心态，尝试和用户敞开心扉互动，同时要问自己还想不想做直播，想做就积极跟用户聊天互动，不想做就不要做了，用户也不会喜欢太高冷的主播。

因此，主播在进行直播过程中要不时地关注用户发来的信息，以敏锐的洞察力来展开话题，了解他们想听你说什么，他

们感兴趣的是什么，并文明回复，把好的感受带给用户。同时也要引导用户，以增加直播间的人气和热度。

(1) 坚守尺度和底线，传播正能量

主播要给用户带去正能量，这是主播的尺度和底线。带给用户正能量，内容必须积极健康。直播不是比谁胸大、谁腿白，比谁有八块腹肌、谁有大头肌，都是正规绿色平台，必须是健康向上的节目内容。尺度和底线是主播的筹码，主播可以唱歌跳舞、卖萌撒娇，但是绝对不要过度暴露，健康的直播方式很重要。要尽情展示你自己的人格魅力，但绝对不能低俗。一个主播如果传播的是正能量，那么自然会受到越来越多的人喜爱。

主播要给用户带去欢乐，这是主播的职责和义务。带给用户快乐，服务意识很重要。要及时回复用户的问题，不愿意答的可以敷衍但不能不理，难听的话可以选择禁言但不能对骂。主播其实也是服务行业，而优秀的主播都会有很好的服务意识，欢迎每一个进入直播间的用户，并把满足感、认同感、归属感、存在感等需求带给用户，这样用户才能产生发自内心的快乐，进而会成为你的铁粉，为你刷礼物和下单。因此，主播要连续不断地输出有价值的内容，带来用户需要的快乐，让他们认同你。

主播给用户带去正能量的小妙招如下：

①不走寻常路。当大多数人都说"对"的时候，这条路就已经开始错了。枭雄横生才出英雄，英雄遍野再无英雄。永远不要听和你水平相当的人说出路，永远不要听不如你的人说出路，永远不要听没干过这个行业的人说出路。

②我是第一我怕谁。好产品、好项目、说出来、创造出来，换个地方就是第一，因此要主动打造个性标签。

③要么最新，要么最老。要想好口碑，就要用最新的思维方式或最老的好方法。因为，人们都喜欢标新立异或是更愿意接受旧有的权威。

④让客户觉得你有秘方。要用语言让用户觉得你有秘方，愿意跟你探讨。比如："太容易了，太简单了，你想不想知道？""标题党式的分享！""60秒成交术。"

⑤大胆跟老大对着干。跟老大对着干，不仅可以借力，还能相互成就，因为超越行业标杆才能成就自己。

⑥成为专家。要让自己成为行业专家、技能专家。学习不能成为专家，分享才能成为专家。专注一件事，成为行业最好。

(2) 主播要善于引导用户进行分享

大部分新人主播的直播间都会出现一些"关注主播"的提示引导,主播每次开播的时候,要注意引导用户进行分享,把直播间分享到他的朋友圈、QQ群里。至于怎么去设置这个提示引导,需要主播自己考量。

①弹出提示。有的主播的直播间,开播后用户一进来,每隔一段时间就会弹出一个"关注主播"的窗口,关闭后再弹出一次,直到让用户注意到为止。这种借助第三方软件设置其好处是主播不必总是提醒用户,只要用户对直播有兴趣,基本上就会关注。

②引导词提醒。主播直接在屏幕上显示或滚动提示关注主播抽奖,以及有多少人正在关注主播发红包等引导词,这是大多数主播选择的方法。这种方法的好处是,只要不是特别离谱的目标,就不会引起用户的反感。大多数新来的用户会选择留下来,然后集中注意力观看。不过主播要时刻关注抽奖条件是否符合,并不时将结果反馈给用户,否则用户会觉得抽奖条件太难而离开。

③口头提醒。进行口头提醒也是主播都会用的方法,一般是"还没关注主播的宝宝关注下主播、喜欢主播的可以点下关

注"等。口头提醒会给新进来的用户一种被重视的感觉，容易让粉丝停留，然后关注主播。但如果频繁提醒，容易让一些观看时间较长的用户反感，主播也会比较累。

④饰品提示。使用这种方法时，如果饰品是有特点的，用户很容易记住主播并喜欢上主播。不过这个方法相对来说比较佛系，需要主播依靠自身个人魅力先留住粉丝，然后再加以引导。

上述介绍的引导关注方法是比较常见的，仅供参考。其实现在许多引导关注都在拼创意，怎么用最低的成本让用户注意到你、喜欢上你，是主播需要长期思考的问题。

6. 直播如戏，全凭演技

主播可以说是演员的一种，对其基本表演才能有一定的要求。当你成为一名主播，就意味着踏入了演艺圈，所以你就该从一个艺人的角度由内到外要求自己。也就是说，一个好的主播，要具备成为演员的基本条件，比如选择合适的妆容，搭配合适的服饰等，但最重要的是做到真情投入，入景入戏。

（1）主播就是直播间里的演员

苏联表演理论家斯坦尼斯拉夫斯基在其所著的《演员的自

我修养》一书中指出，作为一个忠实的表演角色，当他站在舞台上时，就要活在角色里，与角色完全一样，去正确、充满逻辑、按照顺序地思考、希望、追求与行动。演员只要达到了这一境界，就接近角色了，就会同角色一样去感受一切。因此，作为演员的一种主播，就要像演员一样展示自己的表演能力，无论是在演绎自己的生活还是在演绎别人的生活，悲伤和欢乐要尽心表现，在直播间的场景中、在与用户互动的剧情中投入真情。

要放下内心的愧疚和负罪感，因为每个用户都在为你的表演买单。你是通过自己的努力得到合理的回报，用户为你买单是因为他们喜欢你的表演。所以，你要热情欢迎每一个到房间里来的用户。虽然你不知道哪个人会为你消费，但你的热情会感染他们。你的一个笑话和一个问候，都可能是用户留在你房间的引子。虽然可能是无用功，但做了才会知道有没有效果。

要保持高度注意力，确保每一次直播都是完美的画面，每一分钟的直播都是认真的。不管你在生活中长什么样，用户都会在直播中看到你，他们会在自己的脑海里想象一个自己喜欢的主播形象。所以，你千万不要草率直播，不要在视频上做一些很难看的动作。认真地做好每一分钟直播，因为你不知道其他观众会什么时候进入你的直播间。如果你在做其他事情或分心，用户很可能会关闭直播不再观看了。

要经常有一些活动，即使没有用户，也应该告诉用户活动的相关信息，这样会增加用户的参与感和存在感，会让他们觉得你是在为他们而战斗，你是他们的守护神。

总之，主播就是直播间里的演员，一颦一笑，一举一动，都是在塑造"主播"这个角色。

（2）主播怎么才能提高演技

无论是街头叫卖还是直播带货，都绕不开美国心理学博士罗伯特·西奥迪尼在其所著的《影响力》一书中说的销售技能，即商人利用"互惠、承诺和一致性、社会认同、偏好、权威、短缺和比较"来销售商品。事实上，主播的直播过程就像一部电视连续剧，主播需要通过演技充分展现自己的戏份。那怎么才能提高演技，让你的直播表演更上一层楼？

主播要留有余地，时刻保持神秘感，让别人期待你。比如把一句话分成几句来说，能起到提示加引导的作用，可以引出更多的话题与用户讨论。另外，直播要有规划，直播前想想具体该干什么，再把大纲列出来。比如你开场唱歌、陪粉丝聊聊天、唠唠家常等。

到中间阶段，是气氛最燃的时候，可以渲染一些感人的事情，或者是搞笑的内容，这样你的直播间层次就会比较丰满。

到结束阶段，该下播就下播。许多主播在收益好的时候不下播，一直收礼物，这不是好的做法。一方面，直播不是苦斗戏，不要恋战，钱不是一天能赚完的；另一方面，用力过猛会消耗用户的期待感，因为主播此时心不在内容的创作上，已经在收益上了，会让用户觉得你太过功利，更不利于今后的发展。下播之后也应该复盘分析今天的直播，看看自己都说了什么做了什么，从中发现不足，找到需要改进的地方。然后在下一次直播时多多注意，让用户看到你的进步。

第六章

展示特长内容,打造主播的形象

直播内容直接影响着主播的直播效果，所以一定要考虑好自己专长的领域，决定该走的路线，然后去很好地表达自己所擅长的内容。比如，唱歌、乐器、跳舞、脱口秀等才艺展示，展示日常的生活直播，幽默风趣的搞笑段子，针对某些问题或事情的聊天等。有特点的内容是"优质内容"的一个重要标志，主播展示特长的内容，可以打造自己的形象，并易于激发用户的热情，有助于成交。

1. 以才艺展示吸引更多人气

才艺展示是目前很多带货主播的直播必备内容之一，比如最常见的唱歌、跳舞等，都是用户喜欢的直播内容。事实上，如果主播的个人才艺多且具有一定水平，光是这一点，就足以超过市面上的大部分主播，更能吸引到用户和人气。

（1）超群才艺的养成与练就

首先，不要只想着赚钱。在学习如何成为一名合格的主播时，不要只考虑自己能赚多少钱，要注重提高自己的才艺水平，多多观摩学习。在这方面有一个正确的态度。才艺没有什么限制，要学会灵活运用，比如，用户点的歌不会，就在直播结束后马上去学习，喊麦喊不好，就去找老师学。很多情况下,主播不一定唱得非常好,只要用户们能看到你在关注他们的一言一行,为了他们去尝试,用户就会在心里记住你。

其次,才艺可以后天培养。没有什么是不可能的,通过多看、多听、多学、多练,你也可以成为一名优秀的主播。事实上,新人主播在直播间时都在载歌载舞,用顺口的麦词喊麦来营造氛围。对于新手主播来说,大多不太可能一开始就施展出过人的才华,所以不要气馁,要努力学习才艺。同一首麦词,如果能每天反复练习一个月后,喊麦的才艺也能在用户面前展示一番。不会唱流行歌曲也别担心,选择一些气氛活跃的歌曲反复练习,即使没直播也应该多练习,到时也能在直播时一展歌喉。要知道,自己作为一个新手,如果总是没有出彩的才艺,又怎么能和那些优秀主播竞争呢?

最后,才艺应该是多多益善的,诸如唱歌跳舞、跑步打球、器乐演奏、书法艺术、户外摄影、诗文朗诵、做菜做饭等,要么精通某些方面,要么对所有方面都略知一二。只要能让用户觉得耳目常新,能够引起他们的兴趣,并为你的才艺一掷千金,那就是成功的才艺。多掌握一些才艺,在直播时表演给用户,这其实就是一个自我推销的过程。当你真正学会了许多才艺,才是一个魅力十足的主播。当你拥有大量的粉丝时,这就是对你的个人魅力的证明。

（2）才艺展示也要懂得"方法论"

新人主播做直播，很多都害怕向用户展示才艺，勉强表演也是手忙脚乱，漏洞百出，结果被用户抱怨。主播展示才艺也要懂得"方法论"，运用合适的方法和技巧，才能摆脱尴尬，让自己魅力四射。

第一，了解用户。用户一般可分三类：只围观，不消费的用户；因喜爱而聚集的用户；直播打赏最多的土豪用户。在开播时，可在自己直播间提出一些问题进行试探，看看他们都是哪一类型的用户，确认好用户属性，再准备展示什么才艺。当然直播间并非都是一类人，这时要根据有相关要求的用户的意见或建议来展示自己的才艺。

第二，选歌方法。最好选些节奏欢快的歌曲，每个用户看直播都是图开心的，听欢快的歌曲就是为了让他们愉悦。当然也可以播放一些怀旧的歌曲。新人主播缺乏聊天技巧，不妨通过嗨歌的方式营造直播氛围，打破尬聊的局面。要选择能够突出自己风格和声音的歌曲，即根据自己的声音特点选择不同歌曲，从而发挥最大的优势。

第三，掌握节奏。如果多数用户希望主播唱歌或表演，就需要把握才艺表演节奏。在才艺展示或表演完后，要随时注意互动，如感谢刷礼物的用户，欢迎陆续进来的用户，谢谢大家的喜欢，说些希望得到关注的话，并适当回应用户的问题。

第四，处理好特殊情况。特殊情况有很多种，比如，用户反应迟钝，这时主播要丰富自己的表情和动作，若在表演中，就等到表演结束再调动气氛；公屏上突然没了文字和内容，这时主播要发一些小礼物，宣传主播粉丝群或新的歌名，不让公屏空白；直播效果差，如伴奏音大或有杂音，先要向用户道歉并立刻予以解决。

第五，注意细节。主播一定要注意表演时的细节。比如，表演时切勿做出任何使用户感到低俗不雅的行为，也不要直接要求用户付费刷礼物，更不要明码标价、嫌弃用户送的礼物小等。要避免表演不经心、不专业、突然中断等。不要忽视送礼物或发文字的用户，要以感谢、感恩的态度认真对待他们。这些细节问题在才艺表演时经常遇到，但解决的方法不止这些，主播平时在直播时要多留心总结，活学活用。

2. 用生活气息让更多用户驻足

生活直播，就是主播对自己的日常生活进行直播。直播内容可以从商场逛街、户外活动到吃饭，可以是一家团聚吃饭，等等。充满生活气息的直播内容，会引来许多用户驻足。

（1）将日常生活场景搬到直播中

在移动传播环境中，直播不再是代表媒介的特有权利和仪式化事件，而变为呈现多样化日常的记录工具或展演舞台。将日常生活各个方面的内容在直播中展现出来，这是移动传媒与现实世界相结合所打造的温馨景观，体现了从技术逻辑到直播平台的价值。因此，直播间就是一个日常生活的秀场，主播应该做一个搬运工，将日常生活场景搬到直播中。将日常生活中的场景在直播中展示给用户，让用户感受现实生活的温馨与快乐。

在直播自己日常生活过程中，主播要多谈自己的生活感受和经历，可以说自己生活中的一些鸡毛蒜皮的小事，容易拉近主播和用户的心理距离。比如最近去哪里逛街旅游了，又比如最近刷淘宝的时候看上了哪款包和裙子等。另外，在谈这些的时候，也可以提及自己目前特别想买又买不起的东西，如果是喜欢你的用户，很容易懂你的暗示，就会给你打赏和送礼物。

主播谈论自己的生活经历就是在分享。作为主播，除了尽可能丰富自己的直播内容，分享自己的直播室，让更多的人看到你的直播室之外，是一种必要的成长方式。因此，主播应培养自己的分享习惯，让直播在各种社交平台上曝光，从而最大限度地吸纳受众。同时，也应该在自己的直播间里动员用户帮助宣传。为什么有些直播间总是很忙？因为那些主播除了有丰富的直播经验外，还有最好的游客资源，能够让更多的人看到自己的直播间。

（2）借助日常生活直播做场景营销

展示生活要有产品应用场景，并介绍产品的价值和卖点，比如瓷砖的防油污、防划伤等，而不只是简单地展示生活。通过丰富的产品应用场景，增加产品品牌曝光的频率。这实际上就是场景营销，它可以给受众带来深刻的体验，也有助于主播实现个性化传播和精准营销。直播的流量很大，如果不抓住这个渠道进行营销，那就太可惜了。

播放中要重点展示主播使用某款产品的过程，以及使用的效果等。如果主播能按照以下要求去做直播，就会有一个意想不到的作用！

第一，介绍品牌故事。虽然有些产品是品牌，但许多用户并没听说过，在直播时介绍品牌的由来、运营理念、运作规则、售后确保等，都是能提高产品的实力的，并且还能进一步打造品牌形象，提高用户的购买欲望。

第二，详解产品外观和内涵。主播在介绍生活中使用某款产品的情况时一定要全面，要由外及里地去介绍。比如，先介绍产品的包装、标准、成分等，再去介绍规划、触感、用处等，最后介绍使用后的体验，这样使用户对产品更了解。

第三，讲述产品卖点和优势。直播是为了卖货，产品卖点的介绍自然不能少。先将产品的卖点和优势都介绍出来，然后选择最契合的用户对其需求进行深化描述，并对用户所提的问题进行解说，这样能让用户对产品有更明晰的了解。

第四，点评产品质量。产品的点评是用户是否购买的重要因素，因此在直播时主播要对产品质量进行点评，尤其是要点评产品优质的地方，说明优质给自己带来的好处，这样能让点评更具真实性。

第五，给用户直播优惠。直播临近结尾时，主播要以优惠、奖赏等形式奖励观看用户，以提高用户的参与度，还能让他们感到你对他们的重视。再用限时抢购、粉丝专属等言语，进一步影响转化。

直播场景的选择要点如下：

不要使用白墙，因为后面的颜色永远不能亮于前面的主体；墙面的顶部和底部以及两侧，尽量以白色为主，可以做漫反射，让灯光显得更柔和，还能凸显整体的灯光；背景可以用窗帘，窗帘建议用灰色的，尽量不要用反光面，最好用绒面的，吸光；装修时，参考图要做成多平面，最好能找到它的整个方位；天花板尽量用柔光做。背景，要有一个补光；前置的美颜，必须足够量，不能买低功率的或小圆的。

3. 搞笑段子满足用户娱乐需求

幽默搞笑是一种社会现象，一个懂得幽默搞笑的人，不仅能够处理好人际关系，也能制造欢乐的气氛，缓解生活压力，甚至能提升生产力。所以，幽默搞笑段子应该作为主播内容输出的一个重要方面，而能讲幽默搞笑段子也是每个主播都需要具备的技能。

（1）创作搞笑段子的基本公式。既然幽默搞笑段子应是主播内容输出的一个重要方面，那么就有必要了解一下其创作方法。很多人不知道怎么幽默搞笑，其实它的技巧是从写段子开始的，而写幽默搞笑的段子也是有公式可以套用的。掌握了基本公式，再运用一定的技巧，你就可以开始自己的幽默搞笑之旅了。

第六章　展示特长内容，打造主播的形象

所谓段子，就是用简短的、幽默搞笑的语言，说出一个道理或者揭示一个真相，制造出"情理之中、意料之外"，让人发笑、引人深思的效果。

所有的段子都是由铺垫和包袱组成的。其中，铺垫是通过一段话把人引向甲地；而包袱则把人引向乙地，从而给人造成"意外"的感觉。铺垫部分不需要很有趣，只需陈述一个事实，而且越严肃越好，有趣的则是接下来的包袱部分。包袱部分最重要的有两点，一是笑点在句子中越靠后越搞笑；二是说出笑点后立即打住，不做任何解释。当然，铺垫和笑点也不一定就是语言，它也有可能是人们的一种共识、一个情景或某种反应。另外，一个段子除了铺垫和包袱这两个部分，不应该有任何多余的东西。如果某个部分既不属于铺垫，也没有笑点，就必须去掉。

打造段子的套路（泛指成套的技巧、程式、方法等）：

①打破思维定式。打破思维定式是创造段子最常用的手段，意思是指构建故事发展，设定一个预期事物正常发展的方向，然后打破这一设定。

②吐槽别人先自嘲。喜剧表演的本质是对现实的消解，讽刺和吐槽是常用手段。想要吐槽别人的时候，可以加上自嘲工

具，减少攻击性，疗效更强。在自嘲之前，首先要发自内心地接受自己的这个缺点，否则别人笑了自己哭了，自嘲就变成了笑柄。

③营造画面感。通过语言描述，情节设置，讲述之后，自动在脑海中产生画面产生喜感。例如下面这个例子：

和老婆吵架了……事后很后悔自己没让着她……想送她一条项链哄哄她……可是又不知道买多长的……于是……晚上趁老婆熟睡的时候……偷偷拿绳子在她脖子上量……结果……她醒了。

这种营造画面感的段子一般都不可能现编，完全依靠平时的素材积累，需要养成记录生活的习惯。将平时生活里遇到的有趣的事、有意思的梗记录下来并加以改编，就可以拿到直播中活学活用。

（2）平时多积累幽默搞笑段子。直播间的主播如果有幽默的潜力，会很容易引起粉丝好感。但能讲幽默搞笑段子并不是每个主播一开始就具备的技能，不少新人主播自己不够外向，没有幽默的潜质，不会讲这种段子，也不具备创作幽默搞笑段子的能力。在这种情况下，就必须做些功课，在平时多积累幽默搞笑段子。

可以多去一些搞笑大主播那里走走，再多学习一些好段子。刚开始可以用记录的方式放在电脑或者镜头看不到的地方，在直播时候扫几眼帮你回忆，便可说出很多段子，但不要刻意为段子而讲段子。有的主播会从微博、朋友圈等平台上抄各种段子，然后背下来，在直播过程中找到合适的时机，讲给用户听，活跃气氛的同时，也会给自己带来更多人气。

例如，有一个新人主播，他常常会把从各处看来听来的段子抄在一张纸上，然后在自己直播时读给用户听。这个方法虽然有点僵硬，但也算是一种自我学习的方式。最好还是把这些段子记在心里，这样就可以在直播时背着说出来，也就至少不那么生硬，用户也一定会喜欢。

下面给大家介绍一些比较搞笑的段子：

别人都是笑起来很好看，但是你却不一样，你是看起来很好笑。

如果你有喜欢的女生，就送她一支口红吧，至少她亲别人的时候，你还参与过。

2023我的新年愿望是：人瘦点儿、钱包胖点儿！千万不要弄混了。

长得好看的人会有很多属性：聪明、可爱、善良……长得寒碜的就只有踏实。

人生四大悲：久旱逢甘霖，只一滴；他乡遇故知，是债主；洞房花烛夜，在隔壁；金榜题名时，是重名。

建议大家尝试早睡觉，多运动，不吃宵夜，不抽烟不喝酒，早睡早起养成一个良好的习惯，久而久之，你就一个朋友也没有了。

什么叫万死不辞？大概就是每天被气死一万次，但仍然不辞职。

~~~~~~~~~~~~~~~~~~~~~~~~~~~~~~~~

4. 聊天技巧让更多人喜欢你

做网络主播最重要的就是要学会和用户聊天，但很多新人主播常常觉得没有话题可聊，是真的没有话题吗？不是的，新人主播只是不会聊天而已。下面介绍几种聊天的技巧，熟练掌握后，就会让更多的人喜欢你，并且向你赠送礼物以及下单购物。

(1) 如何讲好一个故事

故事，是一个主播红人的软实力，是个人品牌具象化的载体，也是连接粉丝情感的纽带。直播中，讲好故事可以把许多难题简单化，化解自己和他人的尴尬，增加直播的趣味性。

好故事的标准有如下几点。

①冲突、行动、结局。以短视频创作者为例。冲突：她想留在大城市发展（渴望）和奶奶生病需要人照顾（障碍）。行动：她回归家乡，开淘宝店创业失败，转而拍摄短视频。结局：意外成就新事业。冲突是引起行为，推动故事的关键，在主播的故事中一定要有至少一组冲突，可以是成功与失败的冲突、理想与现实的冲突、创新进取与安于现状的冲突。

②情感。情感的作用是：建立跟用户的连接，引起共鸣。比如，前面说的短视频创作者为照顾奶奶重返家乡，是对奶奶的情感，触发的是粉丝对亲情的动容；她的首作视频唤起的是粉丝对传统文化的情感和中华儿女的自豪感。这些情感就形成了粉丝对她的情感认同和持续关注。主播在讲述一个故事的时候，也要适当注入情感元素，亲情、友情、爱情甚至家国民族

情怀，都能让粉丝产生共鸣。

③展示。展示的作用是：让观众或读者身临其境。想说自己为了梦想有很大付出，就要告诉人们到底有多大？使用"你知道凌晨4点的洛杉矶，是什么样子吗"，一下子就能将人们带入科比凌晨训练的情景。展示要有细节，细节更能打动人，比如"为了练习一支舞蹈，每个动作重复100遍""为了唱一首歌，练到嗓子哑掉……"。

④套路。有一段经典的对话，女孩问男孩："为什么爱我？"男孩回答："那段时间，我工作压力大，失眠烦躁，没有食欲。有天早上，我昏昏沉沉起床，看到你边查菜谱边给我准备早餐（行动）。那一刻，我暗暗发誓，一定爱你一辈子。"好故事都有模板：一段人物心理＋一个场景＋一个动作＋一种感觉。

要讲好一个故事，就必须把握以下四大要素：

①细节。有细节的故事让人听起来感觉是真的，所以能够相信。

②情节。没有跌宕，平淡无奇的故事没有人爱听，这需要主播有一定编辑的能力。

③背景。有背景的故事能给人一种画面感，否则听者会失

去兴趣,很多小说就很好地做到了这一点。

④情感。再好的故事,如果不投入情感去讲述,也会使之索然无味,也就不会有太多的用户捧场。比如,婆媳关系如何处理?

(2) 用角色扮演与听众产生共鸣

角色扮演之所以有效,是因为它引起的情感是真实的。这就是说,在角色扮演中主播给用户的任何感觉,就像用户在真实生活中的感觉一样强烈,这是角色扮演带来的情感共鸣。

主播的角色扮演,其所扮演的不是真实的角色,所以不必尴尬,放开角色原本该有的表现就是了。比如"你去休息吧,我也睡了"这句话,扮演角色的主播可以这样说:"爱卿退下吧,朕就寝了,明日再翻你的牌。"再比如:"你把头发剪短了真漂亮!我们去散散步吧。"这句话,扮演角色的主播可以这样说:"走吧,凌波丽,使徒杀过来了!"这样的例子还有很多。主播不难想象,像这样的角色扮演将会给你的聊天带来怎样的氛围!

主播的目的在于向听众传达一种思想、一种态度,并希望得到他们的认可和接受,从而达到激励人、鼓舞人的目的。要想让听众接受你的思想,就必须在直播过程中和听众在思想和心理上产生共鸣。这里所说的共鸣，是依据心理学"情感共鸣"的原则归纳总结出来的说服方法。要想与听众产生共鸣，就要努力寻找与听众之间的共同点，拉近双方之间的距离。

首先，开场白用平实的语言，道出自己与听众之间千丝万缕的联系，使听众产生情感和心理上的共鸣，为主播的成功奠定基础。

其次，针对听众的特征，分析他们的兴趣所在，选取听众感兴趣的话题，更容易激起听众的好奇心，更能把自己的思想和观点有效地传输给听众，进而产生共鸣。

最后，在其他语言的使用上，也要注意一些技巧。比如，能用"我们"的地方就一定不用"你"，能用"你"的地方就一定不用"他"，有效拉近主播与听众之间的距离，让听众感觉主播也是"我们"中的一分子，继而产生亲切感，产生共鸣。

（3）用幽默技巧放大主播的闪光点

幽默是主播聚集人气的法则，会说话、幽默的主播，一句话能把人说笑，一句话也能把人说跳，这就是因为主播善用幽默技巧。比如在聊天中讲上文说过的幽默搞笑段子，能巧妙地把新人主播的缺点掩盖，把自己的闪光点放大。

幽默感分为两个方面，一是主播感受到幽默的能力，别人说一个笑话你能够想到其中幽默的成分；二是主播创造幽默的能力，在聊天时能让别人大笑。这两者之间的关系是相辅相成的，无论增加哪一方面，另一方面也会随之增加。

但是，幽默是很难模式化学习的，因为它是人的一种思维方式。不是说一个人会讲笑话就是幽默了，幽默不是因为一个话题，而是因为这个人有幽默感。用非常严肃的口气说着非常荒诞的话，一点不像是在开玩笑，这才是出人意料的思维方式。如果主播没有这种思维方式，说出来的话就必定是合情合理、中规中矩的，也就没有了幽默可言。

因此，主播应该学习掌握一些幽默技巧：一是自我嘲讽，拿自己开涮，调侃自己的短板。二是在有了相当数量的粉丝，并且知道他们喜欢什么或讨厌什么之后，就可以委婉地揶揄他们讨厌的对象以达到幽默的效果。三是将积累的幽默段子信手拈来，吸引大批粉丝。四是凡是看到和听到引人发笑的点立马记录下来，再思考自己在直播中可以怎么运用，看喜剧同样也能从中找到许多素材。另外，除了幽默，在直播过程中，思考、时机、反馈、理性缺一不可，这样才能让幽默发挥出更好的作用。

幽默直播的技巧如下：

①自我解嘲。拿自己作目标消遣是最保险且最有效果的幽默。如此，不仅不会被听众看轻，还会让主播有一种雍容大度，自信满满的潇洒与特色。

②张冠李戴。讲笑话时，本分地将"原版"搬出，充其量只能达到笑话的转述作用。其实，只要将笑话中的人、事、时、地、物稍作修改并与自身环境相串联，就会产生完全不同的效果。

③"笑"行犯上。现代社会的组织渐行扁平化，主播与听众的距离拉近，有些较开明的主播，会乐意接受听众的调侃或反讽。但在运用这种方式前，要对主管级人物稍加了解，不能贸然开口，以免惨遭封杀。

④夸大其词。一个叫"大头"的小孩哭着跑回家，对妈妈说："妈妈！他们都笑我头很大，我的头真的很大吗？"妈妈边摸着他的头边笑着说："你的头一点也不大！"仅这样看，没人了解其幽默点，但若配上夸大的手势动作，再摸一颗大头，那么"笑点"就会因手势与内容的矛盾而产生"笑果"。所以，幽默并非会讲，还要会"演"，相衬之下才能产生强大

的功效。

幽默的忌讳如下：

①照本宣科。"亲们，下面我给你们讲个笑话。"如同将牛排大餐直接放到胃里，一点都体会不出味道。

②自说自笑。听一则笑话，听众笑得前仰后翻，主播却如冷面笑匠、若无其事、一脸无辜，这才是真正的高手；反之，只能让自己成为笑话。

③只要最基本的东西。笑话里有很多不必要的细节，听众就会失去兴趣，只要包括人物、时间和其他让这个笑话出彩的内容即可。

④脱离主题。为了在一开始就营造出幽默的气氛，硬凑个与主题完全无关的笑话，再好的笑话都会变得毫无价值。切记，绝不能为了说笑话而说笑话。

⑤本末倒置。一场直播，笑话是润滑剂，若全场以笑话贯串，主从易位，听众一无所获，反倒是听了一堆笑话，是一场失败的直播。

⑥提前预知。"大家好，我要以一个笑话作开场……""我想跟大家说一个笑话……"这种幽默不叫幽默，不会有好的效果。

⑦别为你的缺乏经验说抱歉。永远不要说"我不是做戏剧演员的料""我的笑话说得不好,但我会尽力而为"……否则,会在你开始说之前就毁了你的幽默。

⑧不要乱夸口。答应给听众一个月亮,他们就会期望一个月亮;因此,不要对听众说"这将是你们听到的最好笑的笑话""让我们来听听这个笑话"等等,总之,不要保证幽默,只要开口说即可。

第七章

新人直播带货，准备工作要做好

第七章 新人直播带货，准备工作要做好

直播带货大火，导致现在很多人都向往直播行业。新人主播跃跃欲试，匆忙上阵，但由于刚开始不知道应该怎么去做，或做法不当，败下阵来。现实中，新手要想开通直播间，首先要清楚自己做直播的动机，选好适合自己的平台，再做好最起码的硬件、脚本、人员的准备，就可以尝试踏出直播带货的第一步。也就是说，思想准备、平台准备、硬件准备、脚本准备和人员准备一个都不能少。

1. 进入直播行业的思想准备

直播带货正成为各行各业趋之若鹜的新领域，直播间正在变成各大品牌卖货的新战场，众人都想做直播带货。如果你是一个新手，就应该有充分的思想准备，在入行之前，一定要搞清楚自己的动机是什么。

如果一个人拥有演说家能说会道的口才、导游对景区无所不知的专业、农民工甘做最辛苦的人的勤劳、明星对着镜头能上镜的颜值、销售员能卖货的能力，配上选品的眼光能力。那么，假以时日，他就是一个能够做带货主播的人。

带货主播跟演说家、导游、农民工、明星、销售员一样，都是值得被尊敬的职业，没有孰优孰劣之分。既是职业，那么能力定是能后期培养出来的，只要有一颗热爱之心，就不会被外界所改变。

如果你不是因为当下热门来凑热闹，也不是因为自己生意不好就来做带货主播，那么从一个小主播慢慢做起，积累自己的消费资源，磨炼自己的沟通能力，熟悉这个圈子的环境。虽然直播带货行业竞争激烈，但只要你认真地去对待一件事，结果是不会太差的。

确定了自己做带货主播是因为发自内心的热爱，那么接下来，就要着眼于"如何做"的问题。这方面关键是要确定基本的直播带货思路。这个思路既包括方法也包括心态，因此需要想清楚。

直播前的思路是：首先，主播要注重前期的运营策划，从专业性、实用性或纯粹个人魅力的角度打造人设，在与粉丝的互动中赢得粉丝的信任。其次，选品是直播的核心环节，有几点要特别注意：一是产品的价格要与粉丝的容量相适应；二是产品的调性要贴近主播人设和粉丝的特点；三是产品的质量必须得到最有效的保证；四是产品的试用和演示应提前进行，避免出现现场失控的问题。

直播中的思路是：首先，要注重突出产品亮点，也要及时回应用户提出的问题，你的回答就会成为用户想下订单的原因。此外，还应该考虑产品的性价比，不要带一些价格很高的产品。其次，尽量营造一种氛围，引导用户进入购物情境，让他们感到舒适，让他们愿意下订单，在短时间内完成购买。要做到这一点，离不开主播的个人魅力。

直播带货后，要对本次的直播数据和带货数据进行复盘，以此来优化直播带货方案。数据包含总观看人数、每个时间段用户的在线人数、单次直播的涨粉人数、评论数、单款产品成交量、商品总成交额、评论热点等，通过对这些数据的复盘，主播能够更清晰地了解粉丝的喜好，找寻到更合适的直播时间、更适合的带货品类和价格、需要着重加强的直播内容等，从而不断调整优化带货方案。

直播结束后，要对本次直播的用户总数、每个时段的在线用户数、单个直播的粉丝数、评论数、单个产品的交易量、单个产品的交易总量、评论热点等进行复盘，借此更清楚地了解粉丝的喜好，找到更合适的直播时间、更合适的产品和价格，并需要重点加强对下一次直播计划的调整和优化。

2. 选择适合自己的直播平台

要做带货主播，如何选择适合自己的平台异常关键。我们已经介绍了几个主要直播平台的运营逻辑，在这里我们从新人主播的选品和供应链以及多角度综合评估平台两个方面，来帮助新人主播把握平台的选择。

（1）选择直播平台要先考虑清楚自己的选品和供应链。直播带货的货品是直播间的中枢，联系着企业、主播和粉丝，覆盖了直播间所有的角色，可以说现在是直播产品性价比为王的时代，所以找对选品平台很重要。供应链同样是一个非常重要的考量因素，因为相对稳定的供应链可以保障在可控的情况下来进行选品。所以选品和供应链是息息相关的。

从选品和供应链角度选择平台，目前"头部"平台中的抖音和快手值得考虑。抖音平台上非标品更好卖，产地直销占比高，适合带货品类主要包括服装、日化、食品饮料这三大类，这些产品一般都属于冲动消费品、时尚消费品、大众消费品，产品基本上都是店铺上新和产地直销。快手平台上日用百货占比高，主要以食品饮料、美妆日化类、文玩用品为主，适合带货品类属于大众消费品、性价比产品、产地直销、新奇特品类。

（2）评估一个平台是否适合做直播带货，要从平台和带货所涉及的流量情况、商品品类与价格、带货模式以及平台隐藏的机会点等角度进行评估。

从平台属性的角度来看，淘宝、京东、拼多多、唯品会都是电子商务平台，它们的共同点在于拥有成熟的内容矩阵和庞大的用户群，属于公域流量。淘宝是最早开始的直播，有许多"头部"主播，大主播高度集中。京东直播是后起之秀，眼下还没有"头部"主播或MCN组织。

从带货属性的角度来看，淘宝有一个完整的产品品类，主要依靠"头部"达人卖货，价格在200元至500元不等。目前淘宝的直播采用商业直播+人才导购的模式。京东电商也有一个完整的产品品类，依托超级名人的孵化以及推荐优质产品。目前京东直播主要是超级网红提供优质商品。

短视频平台属于社交+内容的性质，主要以抖音和快手为代表。抖音的流量偏公域化，带货商品以美妆、服装百货占比最高，商品价格一般是200元以内的品牌货，有调性，非常符合抖音年轻化人群。抖音带货模式以短视频上热门和直播带货、通过内容种草实现转化为主。快手流量偏私域，其打造的

"老铁文化"使得一大批达人品牌崛起。快手官方出台了一系列政策扶持直播，目前已经拥有大量"头部"主播，带货的商品多为百元内的低价商品，带货方式以达人直播、打榜、连麦等为主。

除了以上这些平台，百度、小红书、微博、微信等互联网平台也开始进入直播电商赛道，这对于新人主播来说也是机会，可以更多地了解哪些平台是获得粉丝的重要平台，哪些平台更容易成交，然后就去深耕这个平台。

如何选择适合自己的平台呢？要重点考察以下四个方面的内容：

①平台流量。网站排名和平台的宣传是开发新用户开拓市场的一种手段，对于多数进入直播行业看直播的用户而言这不是选择平台的绝对参考数据，很多观看直播的用户都会有自己长期关注的主播和平台。

②直播排行数据。在选择这类平台时，要极其慎重，首先要考虑平台新人主播的数量，平台越是火热，新人主播越多，但也会带来巨大的竞争力。直播行业没有流量没有粉丝是致命的。根据自身直播的特点选择适合自己的平台，如果是内容型的主播，可以选择带社交类型的直播平台，或者有内容可做的

直播平台。如果是实力型的主播,擅长带动现场,又有一定的技能,大平台必然是一个很好的选择。

③平台收入。平台收入主要分为新人扶持政策和平台收入分成两个部分(礼物打赏)。新人政策很多平台都有。例如,直播时间达到多久奖励多少,或粉丝达到多少奖励多少这样的福利政策。另外,有些平台对于高质量的新主播曝光率的政策,都是主播在直播之前需要重点考虑的,要登录平台官网或下载对应的App查看详细情况,了解具体的政策内容。另外就是平台的分成,对不同平台礼物折现之后分成的具体数量是不一样的,也需要做一个详细对比。当然,不是说佣金拿得越多越好,还要考虑找机会拥有大量的流量。没有流量没有粉丝,就算平台给100%也没有任何价值。

④综合运营能力。这里的运营能力不单单是指主播的运营能力,还有平台自身的运营能力。好的有经验的运营团队,会针对市场和平台的主播定制特有的活动来吸引主播和平台的用户,内容互动才是直播的长久话题,活动只是互动的润滑剂。对于主播而言,自身的运营、形象的塑造、直播主题内容的精练才是核心内容。如何在千万主播之间脱颖而出,吸引更多的粉丝,是主播需要花更多时间去思考的问题。只有提炼直播内

容,创造出更多更有价值的内容,才能吸引更多更有黏性的用户粉丝。

3. 直播带货前需要准备的硬件

所谓"工欲善其事,必先利其器",直播的手机、耳麦及主播形象等硬件是不可少的,因为这些都直接影响着直播的效果。我们将从手机、耳麦、摄像机等基础设备和与直播相匹配的仪容仪表主播形象两个方面进行讲解。

(1)选择适合自己的直播设备

直播需要准备用户端使用的手机和电脑,来做实时直播。手机端直播所需的设备也非常简单,即一部手机和一个三脚架。另外需要注意的是,直播的手机最好是专用手机,免得一旦有电话进来中断直播。如果是电脑端的直播,需要连接摄像头,通过软件实现在线直播。

耳麦方面,室内直播一般用的是电容麦克风,室外直播用动圈麦克风多一些,具体型号就看自己预算了,从几百元到几千元再到几万元的都有。

直播间的摄像设备至少要满足高清、稳定、低延时三个要求,才能在直播中呈现出完美的画面。摄像机没有上网功能,需要有 SDI 或 HDMI 信号接口，配置合适焦距的镜头。

照明设备一般由一个主灯、两个补光灯和辅助背景灯组成。主灯可以是直播间的顶灯，也可以是负责主照明的 LED 灯。补光灯的主要作用是使画面更柔和，让主播的皮肤看起来光滑细腻。辅助背景灯一般安装在主播后的背景上，其作用是装饰和衬托气氛。

为了让直播间里的画面在镜头前更真实、更美，需要从色温和光源两个方面进行优化。色温有低色温和高色温，中间值 5600K 最接近自然光，最能反映物体的真实外观。如果没有特殊要求，可以选择此值。光源分为点光源和面光源。点光源将形成高光比，当人们站在一个点光源下时，高光和阴影明显，面部特征更加立体，但过多的阴影会影响面貌，并且呈现出的皮肤状态也不好。面光源具有光线柔和、自然、不伤眼睛的特点，直播使用面光源，整个画面看起来会很细腻，而人的皮肤在面光源下会看起来更好。

直播的环境直接影响主播的吸粉程度，干净爽洁的环境能够更好且有效地吸引更多用户，所以各位新手主播一定要重视自己的直播间环境打造。有很多主播喜欢在房间放一些可爱的娃娃、布偶、植物、花等来衬托直播间的环境，这些东西没有什么摆放要求，随意就好，如果是平台合作的娃娃，那么一定要显眼。这些都是最低的要求，当然也可以追求尽善尽美，多多参考其他直播间视觉好的主播，他们有专业的灯光布置，而且十分到位。

最后要说的是，直播设备并非越贵越好，主播应根据自己的实际情况和直播内容选择合适的设备。

当然，在设备挑选时，要注意以下几个方面：注意手机的散热；不要离 Wi-Fi 太远，因为直播在房间里进行的；要保证网络是单独给直播使用的。

（2）用心把自己打扮得美丽动人

每一位女主播对自己的包装是极其重视的。无论网络上的众多粉丝游客怎么说，最初能吸引他们的肯定是网络女主播的美貌。俗话说，没有丑女人只有懒女人。首先，用心把自己打扮得美丽动人是成功的关键。

主播易犯的错误是，总是按自己的喜好进行打扮。要知道，男女的审美观差异非常大，一大帮网络主播挑选设计出来的打扮通常会让网友兴味索然。

每个人都在追求"有趣的灵魂"，可是在寻找的过程中还是容易被"好看的皮囊"所吸引，这个看脸的时代，确实是长得好看的人更容易被喜欢。如果主播在颜值上并没有什么优势，那么就要从仪容仪表入手，弥补自己的劣势。事实上，新手主播不像老主播那样有一定的用户基础和内容基础，所以一定要在仪容仪表上给用户留下第一眼好印象，用户留住了就可以内容输出。

服装的颜色会对主播的人气产生很大影响。正确的颜色会让用户感到高兴，错误的颜色会减少用户对你的青睐。想吸粉就要知道自己适合什么颜色。衣服的颜色没什么好说的，每个人都有一定的审美观。选色后，可以做一些相应的配饰，如胸针、领结等，并注意全身的颜色不超过三种。

主播也需要化妆，除了必要的水乳霜之外，隔离霜、粉底液、遮瑕膏、散粉、眼影、腮红、口红等都要根据自己的皮肤状况来化。有的人说自己不会化妆、手残等，大家可以学一学，开播前尽量把自己的妆化好，避免在直播间直播化妆。

具体包装步骤如下：

看自己形象适合怎样的路线，了解网友普遍喜欢什么类型的女孩，比如，泼辣的黄蓉、乖巧的小昭、活泼的小燕子等。既要投其所好，又要因人而异，萝卜白菜各有所爱，不能变成四不像。

最简单的方式，在众多受欢迎的电视电影等女主角形象中，选择一个（或多个）与自己外表、气质、个性最接近的，作为自己模仿的偶像。从各个角度用心地向偶像学习。最好平时经常对着镜子练习微笑、举手投足、仪态等，并在直播中不经意地展现出来。

需要强调的是：把自己包装成网友喜欢的样子，并不意味着要取悦受众。即使能做到，也不要每时每刻都这么做。相反，一直按照一个模子来，反而会令粉丝产生审美疲劳，把原有受众惯坏，不利于吸收新的受众。正确的做法是，在10%~30%的时间里，充分激发粉丝游客的关注度；在剩下的时刻，让他处于期待状态，让他憧憬着你表现好的时刻。

4. 做直播第一步是做脚本

做直播，第一步是做脚本。没有脚本，主播对直播就是完全陌生的。不知道今天会面对什么样的人，不知道今天要讲什么样的话，不知道自己的主题方向在哪。

脚本准备是开播前各项准备工作中的重中之重，无论是主播本人还是其背后的团队，都必须予以高度重视。直播脚本虽然不一定像拍电视剧和电影那样详尽，但至少有一个大纲，它能够起到一个梳理流程、管理主播话术的作用,让主播根据脚本的内容做一个参照,这样才会有有条不紊、行云流水的直播状态。有什么事情该做,什么事情不该做,或者什么没做,这些都可以通过大纲来提醒。

(1)直播脚本类型与调整原则

脚本可以分成三大类:第一类指的是 UGC 的脚本,就是以甲方和企业生产内容为主的脚本,包括主播的个人商品活动信息。第二类是相对比较专业的 PGC 脚本,有主播、嘉宾,还有游戏以及核心的信息,是甲乙双方一起生产内容的。PGC 脚本就是用户生产内容,等于让用户现身说法,说自己的产品怎么样,但是也不能完全依靠用户,因为双方需要通过互动,才能使直播间显得更加生动、更加有说服力。第三类是比较专业的晚会脚本,这里面有明星现身、广告植入,以及猜谜、抽奖等,如同"双十一"晚会的一个范本。对于没有直播经验的新人主播来说,把第一类做好就可以了。

脚本不是一成不变的,是需要不断优化的。一场直播在按脚本执行的时候,可以分时段设计各种问题和相关数据,结束后进行复盘分析,了解不同时段里的优点和缺点,对优点进行优化,对缺点进行改进,不断地调整脚本。

另外，直播的剧本有一个不可更改的原则，即正面导向和传播正能量为主，切忌低俗！

一般来说，直播脚本包括以下几个内容：

①引出话题。这里的话题是开放式的，而不是判断题，比如，看了什么电视剧。提出一个话题后，还要将自己的观念抛出来。比如，你今天吃饭了吗？然后，说我今天吃了什么。接着，说我记得今天吃了非常好吃的东西……这时就能将话题延展开来。比如："我今天吃的蚝油生菜，但觉得蚝油有问题，得仔细调研一下这件事儿……"

②提出"痛点"。比如，洗碗机。很多人喜欢做饭，但不喜欢洗碗，在家里就容易产生夫妻矛盾。做饭是创造性劳动，洗碗机是机械性劳动，为了孩子的健康，为了家人的和睦，就可以使用洗碗机。

③建立信任。要想在直播间获取信任，第一，就要突出优势和产地，比如，工艺复杂、体现畅销、借势权威、顾客证言、产品演示。比如，茶叶，"这个茶叶来自……只有一小片土地每年能出产此品种茶叶，品质特别好，工艺复杂……"如此，消费者才会觉得这个东西值得买。第二，要体现畅销、专家人设等。第三，提高直播对产品的专业，由表及里，分步骤

描述、包装、规格、成分、色彩、触感、口感以及使用时的感觉。第四，介绍产品卖点，选择1~2个最突出的、最能打动人的产品优势进行深度描述。第五，诱导消费，解决成本问题：金钱成本、形象成本、行动成本、学习成本、健康成本、决策成本。第六，素材介绍，比如，怎么安装；有没有上门服务；厨房太小放不下怎么办；有没有其他颜色；用洗洁精能否代替洗碗粉。

（2）直播带货大纲的时段设置及内容

直播脚本其实就是写一个整体的大纲，以明确直播主题、控制直播节奏、安排直播分工、预热开场、直播互动、产品讲解、产品评价、抽奖、案例分享等。要根据时间，写下直播时每个环节的顺序，以及需要多少时间和相关内容的要求。这是一个完整的直播大纲。

直播带货大纲一般为30分钟，每几分钟为一个时间段，各时段都有详尽的内容。

①0~5分钟。拉家常、聊八卦，拉近与用户的距离；对产品的产地、历史、口碑、销量等数据进行包装和渲染，以吸引眼球。但先不用说具体的产品，以引起用户的好奇心和聚集人群。这个时间段应该先预热，如果一上来就卖货，效果反而不

好。而应该有一些家常八卦、笑话等方面的内容，密集预热高潮点，高潮点的密度和集中度将影响直播的生动性和可信度。当然也要在聊的过程中加进产品信息。

②5~7分钟。这个时间段应该宣布一个重大的福利，就比方说邀请进直播间排名次，排在前三名的会发多少红包或者给现金等。这个时候如果能留住用户，那么直播间的人气自然就会越积越多。而且这些福利要在整个直播过程当中，见缝插针地给用户反复地讲。

③7~12分钟。这个时间段开始强调产品的一些功能属性，尤其是把以前用的产品案例拿出来给用户分享一下。现身说法可以通过图片的形式，也可以把用过产品的用户请到直播间来给大家讲。这个时间段基本上是通过反复的福利加上产品用户现身说法，来起到一种锁客的作用。

④12~16分钟。这个时间段就要出产品的一些证书，比方说三证、获奖证书这些资料。要注重说服用户，把产品的差异化优势给描述出来，形成竞品所没有的独特优势。

⑤16~27分钟。这个时间段就是出单了。一定要把产品的性价比、独特的优势营造出来。

⑥27~30分钟。这个时间段就是相对的饥饿状态，比如拼

团、秒杀都是可以实施的，将整个直播的气氛推到制高点。

所谓"凡事预则立，不预则废"，如果想在直播领域有所作为，就需要反复研究剧本的每一个时段和每一个细节。事实上，只要将各时段重复循环，熟悉后加上自己的一些灵活应用，就可以提高自己直播间的带货效率。

5. 合理搭配直播团队成员

人员准备包括主播、副播、导播、助播、美工、客服和水军，一开始其实也没有必要准备这么多角色，但作为一个直播团队，至少要有主播、导播、助播、客服。

（1）直播团队的构成和要求

主播工作职责：介绍产品，互动用户，掌控直播现场。

副播工作职责：交替上场，展示效果，带动气氛，提醒促销。

导播工作职责：布控直播前中后，保证直播的整体流程性及效果。

助播工作职责：数据运营，场外监控，数据跟踪，画外音互动。

美工工作职责：宣传素材，话题润色，广告视频，空间设计。

客服工作职责：直播互动、回复咨询及下单、抽奖、登记等。

直播间要配备哪些岗位？根据岗位配备可以分为三类。

第一类，豪华版配备——适合类目 top 店铺。

主播 4 人：负责在直播间做商品演示、推介、活动解说、促成下单，每个主播 4 小时，2 人白班、2 人夜班，可支撑 16 小时。

场控 2 人：负责把控直播进度、商品和活动节奏，1 人白班、1 人夜班。

助播 2 人：负责中控台操作、公告发布、配合抽奖、文字回复粉丝提问，可由场控兼任。

运营 1 人：负责直播间商品规划、活动策划、与店铺运营进行商品规划、价格同步、活动对接。

客服：负责接待直播间粉丝下单、备注订单优惠、赠品等信息，由店铺原有客服兼任。

美工：负责制作直播间封面、活动素材，由店铺原有美工兼任。

第二类，中档配备——适合腰部中型商家。

主播 2 人，可支撑 8 小时直播。

场控和助播由运营兼任。

第三类，乞丐版配备——适合小店铺。

主播1人，可支撑3~4小时直播。

(2) 清晰的直播工作流程

一个直播间，主播是第一位的，他是一个直播间生存和发展的基础，其他人员包括副播、导播、助播等都应以主播为核心开展工作。而一场好的直播，想让粉丝跟上你的节奏，也需要一个清晰的工作流程，进行预先策划、充分协调、良好演绎，这样才能达到完美的效果。

由于每个直播团队的岗位有不同的具体工作流程，团队可以根据自己的工作内容去设计，剩下的就是各个岗位的工作对接，对接后整个流程就跑通了。因此在这里就不对直播工作流程展开了。

直播间每天都会进入"大战"时刻，整个直播团队都在忙着，好像总有做不完的事情。其实，只要有一个清晰的工作流程，加之每个成员之间的互动配合，就能轻松高效地度过充实的一天。

剧透款。直播之前或直播之后，要重点进行产品的预热。

宠粉款。该产品仅在开播的时候有。比如，开播的时候就有"几块几秒杀"或者抽奖福利。当越来越多人守候你开播的时候，直播间的用户自然也会越来越多。

爆款。直播过程是一个流动的过程，今天用户可能在看，觉得"哦，这个老师可能长得不好看"，就走了。直播时，很多人进出，会问之前已经解答过的问题。很多主播在卖产品的时候，都是说我今天上30款产品，每个产品讲5分钟，1~2分钟就下播了……这样做，很傻。因为，一个店铺里永远是那几款产品好卖，其他产品都不好卖，因此直播的时候，不要对每个产品都做同样的展现。

福利款。在直播间里不可能所有的产品都是拿来做利润的，要让粉丝觉得50块钱有更多的优惠，这时候不管是做店铺，还是做达人，都要将那些可能不挣钱、赔钱的商品穿插到整体直播中去，就能拉长在线时间。

第八章

玩转直播引流，带货就这么简单

第八章 玩转直播引流，带货就这么简单

直播带货的基础是用户。只有不断吸引到新用户，才有可能实现转化，增加产品交易量。对于刚刚起步的新主播来说，如何在短时间内积累人气？一些新主播会在前期尝试以试拍的方式获得官方的热门推荐，但这种方式的用户积累过程相对较长。从那些成功的主播的经验来看，有6种有效的直播引流方式，这些方式适用于用户量处于不同阶段的直播账号。

1. 低价引流，保证质量是关键

用户流量比较小的主播会通过价格极低的商品引导用户关注。为了控制成本，他们一般会在关注的用户中，选取少部分送福利。低价引流是一种可行的方式，当然，不能刻意造成一种"人人都能得到免费福利"的错觉，夸大宣传是很伤害用户的。

（1）淘宝直播间的低价引流

淘宝直播间的低价引流已经形成了以下三个比较成熟的模式。不要小看这些，事实上，这些模式正在被越来越多的主播所模仿！

第一，库存+直播带货。这种主播是专卖库存尾货的。他们之所以喜欢这种模式，一方面是可以把价格控制在市场价以

下；另一方面，他们中的一些人本身就是库存商或是尾货批发商，是通过直播带货来清仓的。

第二，促销＋直播带货。这部分主播希望在直播初期能迅速站稳住脚跟，所以他们注重低成本引流，甚至有人赔钱在做。其实，淘宝直播对新手有一定的支持，在直播初期能把数据做好争取更多的流量和曝光是一个值得关注的问题，所以这部分主播选择了这种方式。

第三，网点＋直播带货。由于部分企业或网点在直播带货浪潮中受到了冲击，于是就有不少人边批发边直播零售。有的网点甚至直接改为直播零售，这样的网点不在少数。由于没有个人网络批发商这个中转环节，因而价格不会很高。

淘宝直播间这么多的主播选择做低成本的引流，无非是看中了低成本的高转化率及其快速吸粉能力。目前，这类人群的比例正在逐步提高，受众也在不断增长。因为，操作比较简单粗糙，不要技巧，不要专业，只靠低价格。不过这些低成本产品并不是偷工减料的产品，这些主播的"低价"也仅仅是低价，否则将被退货退款，这将严重影响其直播间的形象。

（2）抵制低价低质，倡导优价优质

在直播过程中，低价可以作为一种策略或方式而被采用，但低价的同时如果低质则是万万不可的。低质产品披着"低价"的外衣是有很多危害的。其实淘宝、拼多多等平台的存在已经让价格变得公开透明，如果主播隐瞒实情，东窗事发之时，就是声名狼藉之日。因此，没有价格管控的低价低质品，主播要慎之又慎，否则将为售后埋下灾难性隐患。

与低价低质形成鲜明对比的是优质优价。所谓优质优价，就是以有优势的价格销售优质的产品。进一步说，就是主播通过与供应链的合作，获得产品品质和价格上的优势。对于主播而言，优质优价有助于其在供应链合作中释放创造力，也能让他们获得更多利润空间，并且又反过来将这一部分利润用于引流，从而很好地维护了自己的基本盘。如此操作时间长了，主播的粉丝消费量和消费诉求都会提升，这就进一步形成了更坚固的壁垒，非常具有竞争力。

通过"优质优价"的策略，不仅主播的创造力可以释放出来，还能从产品销售中获得更多利润。反过来，主播就能从这部分利润中，拿出更多的钱宠粉和引流，维护好自己的基本盘。

①直播带货需要极快的产品更新速度。每天带货都有新产品和新链接叠加上去，销售才能像滚雪球一样越滚越大。参与

直播带货的粉丝，有着很大的重复性，缺乏新品，会让粉丝对直播慢慢失去兴趣；而"优质优价"却能吸引到更多优质资源跟主播合作，保证上新速度。

②直播带货对后端服务能力要求很高。如果缺乏后端服务能力，没有跟供应链合作，售后就会异常被动。每个愿意在直播间消费的粉丝都值得珍惜，出现问题后才进行维护，比预防问题出现成本高了许多；同时，高质量的粉丝还能带来持续返单。

③直播带货需要资金优势。直播带货逐渐"渠道化"的时候，需要在资金上有足够的优势，以便在人气上升期快速扩大红利。因此，主播必须跟有强资金后盾的供应链合作。好的供应链产品数量多、品类全、颜值高、技术新，还能凭借资金优势做到集中采购，进一步管理风险，这都是主播的刚需。

长期坚持"优质优价"，粉丝的消费质量和消费诉求都会获得极大的提升。粉丝想高消费，离不开主播提供的高消费机会，需要商家不断提供品类丰富、数量庞大的"优质优价"产品。一旦主播有了稳定的成交转化，就能吸引更多更优质的商家愿意以全网低价来进行合作。由此，主播赚得更多，粉丝更愿意返单和裂变,主播宠粉力度自然也就水涨船高,继而进一步形成更深厚的壁垒。

2. 官方直播推广,带来更多流量

购买官方的直播推广,简单来说,就是官方做直播推广,然后按照引流过来的人头数量扣费。各类直播平台以及直播类App都有这种方式,为主播开辟了很多渠道。

(1)综合考虑后,再决定推广费

通过直接购买官方的直播推广是一种相对简单的引流方式。需要注意的是,这种方式不是说花钱了就一定有人气。比如晚上的直播高峰期,很多主播会扎堆花钱做推广。然而看直播的人数就那么多,那么这个时候相应地也要提高推广预算。

以快手为例,快手的系统会默认每个人头推广费为1个快手币(相当于0.14元人民币),如果还按照每个人头1个快手币来做推广的话,可能根本就没有效果。所以,主播必须综合考虑,要根据预算、直播分享的时间以及想要达到的效果等因素,然后再决定推广费。

这里,主播一定要记住自己的直播目的:聚人!

比如,电视购物,一般都会不断地包装渲染产品,包括品牌的产品实力、工艺背景。为了让人们记住，会不断地反复，一轮一轮地去讲，但基本上不会具体地去说，此产品会起到什么作用，仅仅是为了引发观众好奇。观众看到这些，就会想：这到底是什么东西？然后，在好奇心的驱使下，就会看一看、瞧一瞧，直播同样如此。

在直播前期，要做好所有的准备。比如，做宣传海报的时候，要把设定好的文字软文写得更加吸引人，图片修得更加吸引人；然后，在朋友圈、群、微信好友里不断地宣传，引起粉丝的好奇，让他们产生订阅直播间的欲望。之后，到各个群进行转发、渲染，比如，本场直播，我们给大家准备了什么福利、什么大奖，所有订阅我们直播间的人，都有利可图！

（2）直播平台推广引流小技巧

目前网上直播平台相当多，各个平台都有自己独有的主题，有些侧重母婴类，有些偏向美妆类等，选择一个适合自己的直播平台合作，就相当于拥有了成熟的推广工具。

直播引流有这样几个优势：

①引流成本低。做直播非常简单，只要下载软件，注册账号，即可开始直播，几乎不需要多少成本。如果内容精彩，就能吸引更多的粉丝。

②增加曝光率。直播平台是公众传播平台之一，不管是个人联系方式，还是个人形象，多一个渠道，就能多一些曝光的机会。

③粉丝的黏度较高。如果粉丝喜欢主播，就会有一定的忠诚度，主播只要能持续输出内容，粉丝留下的概率就很高。

④打造个人IP。引流只是聚集粉丝的一种方式，如果能打造个人IP，引流的效果会成倍放大。

⑤转化流量、变现流量。在直播平台上，很多主播依靠巨量的粉丝为商品、为活动引流等，顺利变现。极有代表性的是手淘视频直播。手淘视频直播是淘宝于2016年重点打造的"边看边买"内容导购社区平台，手淘首页下滑至"淘宝直播"就能看到。

平台选择问题我们在前面讨论过，这里介绍几个非常具有实操性的直播平台推广引流小技巧。

第一，弹幕引流。弹幕是最常见的引流方式，不过要找那些与自己需要推广的产品相类似的直播间来做。因为这些直播间里粉丝很多，你刷的弹幕一会儿就会被压住，即使你自己刷也未必能看见。

第二，昵称引流。昵称也就是名称，也可以用作引流的一种方式。名字是一个人在网上的名片,无论出现在哪里,都应该能够让用户记住你。所以当你注册时,登录账户是你的名字。

第三,头像引流。绝大多数用户第一眼看见的是头像,这也是引流的重要一步。头像的设置一般以年轻女性为主,这更容易被用户接受。如果将自己的产品当作头像,貌似很好但过于直接,会引起用户的警惕,即使软文中没有营销内容,用户的第一印象也未必会好。

3. 蹭大主播热度,涨自己的粉

对于一个鲜为人知的小主播来说,涨粉非常困难。一些小主播非常聪明,他们想方设法去蹭大主播们的热度,钱少的人刷礼物寻找存在感,钱多的人则打榜连麦。这些方法对其他小主播来说很有借鉴意义。

(1) 刷礼物发红包赢得曝光机会。所谓福利留人就是要留客,把客人留在直播间。比如,以前的广播电台一旦确定了营销方案,就会采用神秘大奖、现场抽奖等方式去留住顾客,不让他们转到其他频道。每个人都有一种占便宜的心理,更喜欢碰运气。不管是中奖,还是抢红包,只要抢到一个手气最佳，就会觉得今天的运气很好。同样地，直播也可以利用这种心理和方式。可以先准备一些礼品，在开播之前，把礼品摆好，让观众一进到直播间就能直观看到。此外，开场的时候，除了主打的产品外，还可以直接告诉大家："本场直播，有什么礼品赠给大家……"如果有搭档，可以重复提醒，不断地抛出利益，不断地留客，让更多的人在直播间中待得更久。

在网络时代，信息繁杂而又难辨真假。主播身处网络大潮的风口浪尖，如何保持曝光率十分重要。尤其是那些小主播，通过给大主播直播间刷礼物或向其发红包，都能有效赢得曝光机会。例如，"头部"主播在直播间卖货时，很多小主播都来刷礼物寻求曝光，或去各大网红直播间刷礼物，涨粉丝。另一个例子是，各大"头部"网红主播在自己的直播间联播时，很多小主播跑来送红包，吸引了许多人的眼球，增加了曝光率。

当然，在提升热度过程中，小主播需要适当地向用户暗示自己是热门、优质主播，路人用户会有更大的可能性关注你，来到你的直播间。

（2）通过打榜，获得连麦机会。连麦这种方式，主播通常根据用户的打赏额度来决定与谁联系，一般排名前三的用户才能连麦。当然不同主播获得的连麦条件也不一样。如果连麦的主播用户数量足够大，有助于小主播最后实现用户转化。例如，在与大主播连麦时，可以通过抽奖、送红包、送手机话费等方式吸引用户的注意，并借此引导用户加群，承诺从群中抽取奖品。有时也能直接促进商品的销售量。由于打榜的用户与直播没有关系，因而在购买商品时会考虑产品性价比。其实，和大主播连麦的方式相当于从他那里花钱买广告位。

连麦带货也衍生出一些非标准操作，甚至演变成两个主播约定圈钱的行为。对此，平台方面也采取了一定的措施，如快手平台规范连麦 PK 卖货的销售行为。

同时，在这个基础上，只要跟观众说："我们的直播活动力度这么大，这么有价值，各位要不要把这份价值分享出去？只要邀请 3 个伙伴观看直播，就可以找群主免费领取一份产品体验……"

这时候，对产品感兴趣的客户，多半都会主动地把直播分享出去。之后，就可以说："各位，我们有个邀请排行榜，只要你在榜上有名，我们就免费送你一盒产品。大家想上榜吗？"

4. 构建账号矩阵，增加粉丝数量

通过账号矩阵实现引流是许多主播使用的一种方法和技巧。通过大、小账号之间的交互、转发、评论等，创建一个IP账号形象，增加粉丝数量，然后通过优化数据来提高受欢迎的概率。

账号矩阵的逻辑是，以大IP为流量池中心，并对流量池进行细分，将其转化为垂直流量，从而实现流量的二次和三次转化，增加粉丝黏性。

首先要精准定位账号，也就是想明白走什么路线，发什么视频等。然后先开一个账号，等做大后再开各种小号，让大账号和小账号相互打榜，相互引流。当用户较多时，通过账号矩阵来收集流量并加以充分利用。

目前，很多主播的大小号已经打通了不同产品的门类，覆盖了不同年龄段的用户群，并在不同的高峰期开始播出，形成了大小号相互带货与引流的协同增长效应。

无论是一个单一的账号还是一个矩阵，其目的都是实现引流及变现，因此在创建账号矩阵应注意细节，否则不但不会增加粉丝流量，还很有可能在运行过程中被降权或被封禁。

账号矩阵引流变现应注意的细节：

①在做账号矩阵之前，必须将每个账号作为一个独立的系统来运营，这样每个账号都有一个完整的内容呈现。

②操作前一定要注意账号和 IP 地址。另外，不要总是对别人的作品进行点赞评论，因为这样会导致平台的系统认为这个账号是一个做营销的，并有可能被降权。

③做账号矩阵应统一定位，不能有太大的跨度，否则精力分散，不易取得效果。

④运营过程要关注一个流量比较多的平台，最好发布内容到有相似的算法的平台上，这样才会出现 1＋1＞2 的效果。

无论是做单号还是做矩阵，好内容在哪里用户就在哪里。内容矩阵已经抓住了短视频获得红利的机会，但是单一账号的发展有其局限性，通常需要扩展品类才可能获得更多用户。

5. 有效利用资源位，轻松获取流量

平台上每个活动存在即是合理，存在即代表会对商品的销

售额做出贡献，所以关键在于适合地参加这个活动，在活动的资源位中抓取流量。许多平台都有资源位，下面就来介绍一下在淘宝和拼多多资源位引流的方法。

（1）淘宝资源位获取流量技巧

淘宝资源位相当于广告位，主播可以通过淘宝资源位获取流量，提高直播间和产品的曝光率。淘宝平台上有很多资源位，一个好的资源位可以起到非常大的推广和引流作用。那么，如何获得淘宝资源位？可以运用如下技巧：

①选少博多。如果要获得更多的流量，建议从较少的资源位选择到较多的资源位，通过启动测试选择适合存储的资源位，并根据预算大小调整资源位的数量。

②定位手淘资源位。由于手淘的流量大、效果好，因此可以适当支付较高的保费，对这部分资源进行定位，获得更多的流量。

③招标参考。参考淘宝的"竞争流量"索引，选择需要更多流量的资源位，并为该资源位设置更高的溢价。

④资源溢价的优化。先将初始保费设置为10%，然后在一段时间内更改保费，要以流量决定循环的时间长度。每周期增加5%的保费，以获得更多的流量；根据流量的增长和变化，

直到保费获得可以维持流量的价格。

（2）拼多多资源位获取流量技巧

拼多多平台常见的资源位有9.9特卖、秒杀活动、爱逛街等，这些资源位是用户经常光顾的地方。在拼多多若是有资源位的话，不仅可以提高产品的曝光度，而且对于直播间整体的转化和流量获取都是十分有帮助的。那么，怎么获取拼多多资源位？

目前，主播在拼多多平台上可以参与的活动可以分为营销活动和竞价活动，可以注册的活动很多，但注册的要求也比较严格，比如对权重的要求。一般来说，营销活动不需要额外付费，只要产品符合注册要求且库存充足；竞价活动则需要支付一定费用，具体费用视情况而定。

要想在拼多多平台上争取到资源地位，就要有自己直播间的优势，更准确地优化产品，提高通过率。具体方法如下：

①画面规范美观。商品的主画面必须规范美观，尽量使商品具有一定的文字说明，突出销售信息及其特点。不美观、损害平台形象的，将被平台直接拒绝。

②避免同款。同一个主播不能选择同一款，尽量不要与其他商品同款，否则高昂的价格会被平台驳回，而且类似款式的

平台也有限制。

③勿制定间隔价。服装商品不要制定间隔价，这是平台上不允许的。

④勿做低价引流。在拼多多平台不要做低价引流，也不要更改已经申报商品的名称，否则被平台发现后会受到严厉惩处。

第九章
掌握带货规律,把产品打造成爆款

直播带货的成功必须符合商业规律，即必须有效地解决"卖什么、卖给谁、怎么卖、啥价卖"的问题。成功背后的规律在于，通过刺激和满足用户的购买欲，利用用户对商品的刚需或弹需，从而给用户提供了一个坚定的购买理由。其实，这个过程的高明之处，体现在导流并留住用户、恰当的心理定价、展示优质内容以及给出解决方案等方面，这些技巧是制造爆款的关键性元素。只有掌握了这些技巧，才能成功进行直播带货，并吸引更多的消费者进行购买。

1. 直播带货，流量和客户是最重要的因素

直播带货，流量是最重要的因素。即使你的产品再好、优惠力度再大，假如用户不进你的直播间那也是白搭，因此导流是制造爆款产品的最关键因素。只有先引流并留住用户，才能成功制造出爆款产品。

（1）吸引用户进入直播间

为了提高直播间的人气，直播前和直播中需要采取一些方法。直播间里最怕的就是没有人，也怕主播一个人在唱独角戏，没人回应，场面就十分尴尬。其实，只要在直播前和直播中采取一些对直播间进行预热的方法，就算是一个新手主播也

可以提升直播间人气。

下面列举了几个常用的直播间预热方法，帮助新手主播在直播开始前进行导流，吸引用户进入直播间。

第一，为了提高直播间的点击率和转化率，需要优化直播间的标题和封面。标题应该简短有力，不要超过10个字，这样可以有效吸引用户点击。封面最好使用1∶1的高清图片，这样可以吸引用户的眼球。因为直播间主要竞争的就是点击率，而一个优质的封面、简介等显然有助于提高直播间的转化率。

畅想型标题比较富有创意和幽默感，可以吸引年轻人的注意力。例如：

给我一支口红，我就可以撬动男主心脏！

给我一支唇膏，我可以撬动地球！

痛点型标题让人们很容易想到自己的痛点，进而想要了解更多相关的信息。例如：

告别痘痘肌肤的护肤方法，你知道几个呀？

毛孔堵塞,黑头去了又来,你中招了吗?

人生建议:想皮肤变好的女生一定要这样做。

发际线这个价格,究竟值不值?

逆向思维型标题非常具有诱惑力,容易吸引人们的注意,引起购买欲望。比如:

别点,点就省钱!

跌破底价!走过路过不要错过!

教学型标题则重在教育,适合发教学内容。比如:

包教包会的化妆技巧。

手残党都可以学会的化妆技巧。

一对一指导,精准解决问题性肌肤。

福利型标题往往可以提高用户的参与度和忠诚度。比如:

秒杀，手把手教你打造新春元气彩妆。

直播间免费送！

文字互动可以增强用户对直播间的参与度和黏性。比如：

_____限时特惠，绝无套路。

没想到你是这样的_____

你的前半生需要_____

吃土少女带你_____

生活不只诗和远方，还要_____

_____大促，一起来剁手

厉害了我的_____

第二，发布短视频预告也是一种有效的导流方式。可以在直播前的 3~5 天就发布短视频预告，在短视频的内容、文案、评论中添加直播日期、主题，以及主播个人的昵称、简介等信息，这样可以让用户提前了解直播内容和主播风格，增加用户的期待感，提高观众的进入率。

第三，为了提高直播间的流量，可以在直播当天开播前的 15~45 分钟发布一条预热短视频，引导用户进入直播间，有效地提升直播间的流量。如果此时正在直播，就可以将用户直接引入直播间。如果当时没有正在做的直播，但是用户进入了你的主页并发现了你的直播预告，也有可能进入你的直播间。因此，直播前个人简介信息里添加直播预告非常重要。

第四，除了直播前的预热短视频，还可以利用站外流量来提高直播间的人气，这包括但不限于社群、微博、公众号、小红书等平台。通过在粉丝群通知粉丝直播开始，并在开播前几分钟提醒粉丝进入直播间，也可以吸引更多的用户进入直播间。此外，同城也是一个非常大的流量来源，因此在开播时一定要打开定位，让同城的用户更容易找到并进入直播间。

直播前预热阶段将流量导入直播间后，就要想办法进一步提升直播间人气，这样才能让用户和粉丝停留更长时间。以下是几种有效的方法。

第一种方法是连麦 PK。两个主播之间可以互相宣传对方的直播间，提高相互之间的知名度。假如连麦 PK 的两个主播都能够积极调动气氛，制造高潮，那么在 PK 的过程中会吸引更多的用户进入直播间，增加直播间的人气。

第二种方法是上传拍摄花絮。在直播过程中，我们可以实时上传一些第三视角拍摄的花絮短视频，也可以吸引更多的用户来到直播间，从而实现有效的导流。实际上，有很多用户进入直播间是为了拿红包的，只要你的花絮短视频足够有趣，他们也可能会留在你的直播间里观看直播。

第三种方法是利用 DOU + 加热功能。为了提高视频播放量和互动量，同时增加视频和直播间的曝光率，抖音推出了 DOU + 加热工具。这是一款操作便捷、互动性强、流量优质的工具，能够有效地提升内容的曝光率，高效提升视频的播放量和互动量，助力抖音用户的多样化需求。不管是短视频 DOU + 还是直播 DOU +，都可以通过加热短视频来引流，进而提升直播间流量。当直播间和视频的流量下降时，投放 DOU + 有助于提高直播间的流量。所以，我们可以制作一个优质的短视频，投放 DOU +，吸引更多的人来观看并进入直播间，从而提升直播间的人气。

第四种方法是直播推荐流。我们还可以通过直播间一系列营销玩法来增加直播间的互动氛围，如抽奖、红包等，从而吸引更多用户参与直播互动，增加直播推荐流展现。

第五种方法是获取活动资源位。我们还可以通过参加官方组织的直播活动或者讨论话题的形式获取活动资源位，进一步提高直播间的曝光率和品牌知名度。

总之，在直播推广过程中，我们需要不断探索创新的方法，提高视频和直播间的曝光率，吸引更多用户参与互动，提升直播间的人气。

(2) 留住用户才是根本

在吸引用户进入直播间后，如何才能留住用户呢？这是一个非常重要的问题。为了留住用户，我们可以采取以下一些方法。

首先，直播间要有好的设备和足以吸引眼球的直播房间背景，这样可以让用户进入直播间后整体感觉变得更好，增加用户停留时间。

其次，在直播过程中可以搞一些抽奖活动，给粉丝发福利。这可以增加用户参与直播互动的积极性，提高直播间的互动氛围，并且让用户觉得自己的参与价值得到了认可，从而愿意继续留在直播间。

除此之外，主播的个人魅力也是一个十分重要的因素。一个人喜欢另一个人，大多数情况下是由于那人有着与众不同的地方，这些地方并非是拥有钱财、地位或权力等替代性强的因素，而是在一些无法取代的特别之处。实际上，这就是一个人整体素质和魅力的体现，我们平常说的"腹有诗书气自华"就是这个意思。同样地，用户也会因为主播的个人魅力而喜欢他们。

主播的魅力在许多方面都可以体现出来，每一个细节都可以成为吸引用户的亮点。

第一，语言应该有鲜明的特点。为什么说主播需要具备演说家般的口才呢？因为一个好的主播必须能够通过他们的语言吸引听众的注意力。因此，拥有独特的语言特点是非常必要的。此外，主播还需要掌握许多说话的技巧以及使用带有主播个性化的语言等。

第二，主播应该有礼貌。在收到粉丝赠送的礼物时应该对他们表达一下感谢之情，这样才能让用户感到你在意他们，这也是留住用户的一个好方法。

第三，主播应该多才多艺。有一些用户在观看直播的时候会对主播提出唱歌或者跳舞之类的要求。如果主播不会这些才艺，那就可能会失去一批用户。

第四，守时开播也非常重要。假如主播出现在别人的面前时保持的是一个一致的形象，那么用户就会更加信任和喜欢这个主播。心理学研究发现，人类在重复接受同一个形象时，会减少内心的不确定感，从而产生安全感。因此，保持一定频率开播时间的重要性就不言而喻了。主播要保证直播的时长和频次，有规律地输出，如果能做到每天直播就更好，每场的直播时长不低于两个小时。假如你计划的开播时间是每天晚上8时，那么就应该尽量保证准时开播。如果计划在每周一、周三、周五晚上8时至11时直播，也一样要尽量保证在这个时间段开播。

人的七情六欲是不可避免的，有时情感需要高于一切。在直播中，主播与用户之间的情感联系往往取决于货品或主播本人的魅力，这种情感联系的强度反映了用户对主播的忠诚度。假如用户喜欢主播，主播就应该善用这一点，以下是一些具体的策略和方法：

首先，提高用户对主播的欲望。用户希望看见主播、了解主播、更加接近主播，甚至可能想和主播约会、一起旅行等。为此，主播可以通过一些心理策略来增加用户的欲望，一种有效的心理策略是设置障碍，也就是吸引法则中的"障碍吸引"。如果主播适当地拒绝一些用户的请求，就会增加用户对主播的欲望。但是需要注意，这个策略需要谨慎使用，过度设置障碍可能会让用户产生反感，从而适得其反。

其次，让用户对主播"始终不渝"。很多用户对主播"始终不渝"，其实是用户看重自己的付出。这在经济学里叫作"沉没成本"，意思是以往发生的但与当前决策无关的费用。换句话说，用户只会考虑未来可能的收益，而不会考虑现在已经付出的费用。所以，主播需要给用户一些付出的机会，当然这种付出最好是时间和劳动。具体来说，主播可以让用户帮助宣传直播间，鼓励用户带来更多的观众，这就是依赖用户的策略。对于那些具有这种意愿的用户来说，被主播依赖和需要无疑是一件幸福的事情。但是要注意，主播一定不能完全依赖用户，否则将导致直播间流失用户。

最后，让用户产生期待感和留恋感。通常情况下，人们对于第一印象和离别时的印象非常深刻，这在心理学上称为"印象记忆"，这意味着人类能够不假思索、无须理解地记住各种形象、声音、行为和习惯等。尽管主播无法预见到用户什么时候会来直播间，所以第一印象具有不确定性，然而主播可以控制用户与你分开时留下的印象。具体来说，要谨慎选择下一次开播的时间，最好在自己心情最好、状态最佳时开始直播，因为这种开心、积极的状态可以感染直播间里所有用户，从而让他们对接下来的直播产生期待感和留恋感，感到意犹未尽。

2. 打赢价格"心理战"，让用户觉得买得值

心理价格战的确是一门很深奥的学问，但它也是可以学习和运用的。在直播过程中，借助这个技巧让用户产生"买到就是赚到"的心理，可以对制造爆款、提升销售量起到很大的作用。这里面有两个关键环节，首先一个环节是要处理好"价格谈判"问题，在此基础上，第二个环节是要运用一定的方法让用户真正觉得"买得值"。

（1）处理好价格问题，才有可能成交

不管在什么场合，价格谈判都是一门大学问，对于带货主播来说更是如此。只有处理好价格问题，才有可能成交。

首先，要理解用户的购买习惯，当用户砍价的时候不必抱怨。俗话说"买的没有卖的精"，用户不清楚产品价格中包含多少成本和利润，通常会砍价以获得更好的优惠和价格，这也是人之常情。所以，主播需要理解消费者追求便宜的心理，不要被他们吓倒，同时也不要在直播间抱怨用户砍价。提高价格

应对能力，这是主播应具备的重要能力。

其次，增强价格信心。价格信心来源于产品成本的比较、与同行的产品的比较，以及从硬件、软件、服务态度、产品质量上的比较。主播要清楚产品价格所对应的价值，明白产品的卖点、优势和差异化，对产品价格有信心。事实上，假如主播在这些方面能够阐释清楚，就可以有效调动用户的购买欲望，从而顺利解决"价格谈判"的问题。

当意向客户告诉你他们在别处看到比你们便宜的同款产品并展示截图时，你不妨这样回复他：

"在哪里买的并不重要，关键是它是不是你想要的。如果您追求的是一个高品质的产品，我们的产品质量保证让您放心使用，而那些低价的产品是否真实可靠，需要您自己斟酌。"

"免费的东西往往最昂贵，因为没有利润，就不会有好的服务和售后支持。1元一张的面膜，你敢用吗？6元一斤的牛肉，你敢吃吗？50元的首饰、800元的苹果手机，你也知道肯定是假的。所以说，产品的价格不是由我来决定的，而是产品质量来决定的。"

（2）创新定价方式，推行阶梯价格

主播要想成交，就要让用户切实感受到优惠，觉得

"值"。换句话说,在不改变价格实质的基础上,主播可以通过一些技巧,让用户感到产品价格相对更低,使之产生很优惠的心理,以便增加转化。

在单价较低或成套销售的产品中,许多大主播经常采用阶梯价格。例如,某婴儿食品的原价是39.9元一份,现在第一份的价格是29.9元,第二份则是19.9元,第三份卖9.9元,到了第四份则是0元。这种阶梯式的降价可以对用户产生极大的心理刺激,从而产生下单购买的欲望。实际上,这种策略就是传统的"买一送一"的升级版,在直播间里十分实用,被广泛运用于食品、小商品和快速消费品等商品的销售中。

采用了阶梯价格策略的产品,在直播销售中主播必须做好引导,要突出该产品或该类产品的价格优势。同时,主播可以通过语速和声音的变化,向用户传达产品的优惠力度,刺激用户的购买欲望,令用户在观看直播时保持兴奋,从而下单购买。例如,用"倒计时5、4、3、2、1"的方式,可以营造出紧张和稀缺感,让用户感受到购买的紧迫感,同时也能推动订单量的增加。此外,主播可以进行反复或间接重复,引导用户下单购买,并告诉用户下架时间。

在运用阶梯定价法的时候,需要注意以下三点。

首先，优惠金额不等比。日常生活中的阶梯每级台阶通常都是等高的，但在阶梯定价法中，每个阶梯就不是这样。这是因为，根据边际效应递减的原理，购买的数量越大，交易就越难达成，因此对应的优惠幅度应该更大。一个典型的例子是视频网站的 VIP 会员，假如一年的价格是 199 元，那么两年就是 299 元，三年是 349 元，在不断累加的边际量上，折扣和优惠也越来越多，这样才能刺激消费者购买更多，提高转化率。

其次，形成冲动。比如，买一件衣服是全价，第二件 8 折，第三件半价，可要是买 100 件才半价，那无疑对消费者就没什么吸引力了。

最后，边际成本扛得住。在制定阶梯定价策略时，需要充分考虑企业的边际成本和利润率等因素，从而确保最低定价能够覆盖边际成本。例如，用户下了个超大订单，你给他打了 5 折，结果最后一算，成本却无法控制到售价以下，卖得越多，亏得越多。

3. 作为带货主播，一定要体现出专业度

无论是购物还是在学习中接收信息，人们往往会更相信专业人士的建议，在直播间卖货也不例外。主播通过介绍产品外

观、材质以及使用的方法、技巧、效果等，可以展现自己的专业度，从而提高用户对自己的信任度，从而提高销售转化率。

(1) 输出有价值的内容，才能吸引用户

在绝大多数用户的内心深处，都会希望有一位行业内的"专家"来引导和帮助自己进行决策，在做消费决定的时候也是如此。而且，在带货直播过程中，主播需要对用户进行及时的反馈，正确地解答用户提出的各种问题。这就需要主播在平常注意积累，在用户提出问题的时候，能及时给出既专业又体贴的解决方案。

假如在一场直播的过程中，除了卖货没有别的内容，毫无趣味可言，那就说明主播不够专业，分享的内容一定也是令人兴味索然。一个成熟的大主播，一定不会整场直播都只讲产品，而是会说一些自己吃了什么美食，什么时候去哪里跑步，或者是家里养的宠物打架了等。这些都是很有趣的内容，会让用户在观看直播的时候感到意外而又有趣，甚至会忍不住直呼可爱。

大多数人更习惯于保持当前的状态，不愿意作出改变。如果用户收看您的直播成为一种习惯，那就说明您分享的内容很有价值，对他有帮助；如果大多数人看了一眼就离开了，那就说明你没有输出优质内容，可能需要拓展新领域，探索新的内容了。主播应多去了解用户的偏好，多站在用户的角度去考虑，想用户之所想，看用户之所看，多分享有价值、实际意义的内容，这样才能吸引更多用户的兴趣。

另外在输出内容的过程中，不仅内容本身要好，还要结合一些新的技术手段，例如 CDN 内容分发技术、VR 技术等，能够更好地展示出主播的专业素养。要记住，好的形式与优质内容是相互促进的关系。

当然，如果想要成为更专业的主播，还需要付出更多的努力。

第一，学会节目策划。每一次直播都是一次节目策划，只有有效地策划好节目，才能赢得用户的青睐。在策划节目时，要明确这几个方面：你的直播会为用户带来多少收益，他们喜欢什么，不喜欢什么，对哪些话题感兴趣，以及哪些因素能够吸引他们等。

第二，打造个人形象。打造个人形象是一门视觉艺术。每个人都有自己独特的艺术风格，可能是漂亮的、帅气的，也可能是活泼的，又或者是搞笑的、幽默的等，主播的形象美与丑不是那么重要，重要的是角色中的你如何能够做得更好。

第三，学会处理听觉艺术。网络世界是视觉与听觉艺术的综合，良好的声音表现能够让观众感到声情并茂，所以主播也应该了解一点网络技术，并确保网络的网速正常。如果网速太慢、网络卡顿，都会让用户的观看体验大打折扣。此外，要学会灵活使用自己的直播设备，掌握设备调试技术同样也很重要。

第四，为人处世要和谐。成功的主播需要具备良好的人际关系，注意自己的言行举止，与用户相处要和谐。用户都是主播最忠实的粉丝，主播应该多接受他们的建议，选择好自己的爱好和特长并发挥到极致，才能成为佼佼者。

第五，坚持不懈地努力。主播要持续学习新的知识，开阔自己的视野，切勿半途而废，只有坚持到底才能有回报。此外，主播要善于推广自己，找到跟自己志同道合的人，赢得更多人的支持和喜爱；还要有耐心，坚持不懈地追求目标。

（2）跳出"知识诅咒"，开展有效沟通

所谓的"知识诅咒"，指的是专业人士之间交谈的时候往往使用术语，反而失去了和非专业人士沟通的能力。虽然知识诅咒的现象大部分出现在学术领域，但是在直播中也会发生类似的现象。

有一些主播为了展现自己的专业性，可能会使用一些艰涩难懂的直播术语，结果让观众听得一头雾水。类似"酱油团""喇叭""跑道""反伤甲"这样的专业用语，通常就是阻碍直播间人气的罪魁祸首。因此，当主播在和用户互动时，尤其是处在直播上升期的主播，就需要照顾到大量普通用户的认知，并尽可能避免使用过于专业和陌生的术语，以保证直播的流畅和互动的良好体验。

如果要想让用户更容易理解，那么就要使用通俗易懂的语言，例如"老铁""扎心了"等这类市井化的词汇，就比较容易引起用户的共鸣。简单的语言风格能够帮助你快速提升直播间的人气。

如今抖音直播十分火爆，很多人都试图通过直播发财致富，但是如果直播话术过于专业化或难以理解，可能会导致销售量下降。而使用通俗化、具象化的语言，关注用户需求，可以帮助你解决这个问题。

第一，语言通俗化。直播带货话术有一个非常重要的要求就是语言要通俗易懂。因为直播间的观众具有不同的文化背景和知识水平，所以选择大家都可以接受的语言表达方式，传播效果才会最好。在具体的直播带货话术中，有很多方式可以让语言通俗化,但其中最关键的是将卖点"详细化、通俗化",也就是使用详细、通俗甚至戏剧化的语言,将利益点形象而具体地展现给用户。例如,你正在卖的是口红,优点是持久不掉色,想要更好地传达这个利益点,文案中就可以这样写:"只掉一点点颜色,跟立邦漆有一拼。"所以,一定要仔细考虑怎样使用对用户更友好的语言,将信息精准地传达给用户。这样做可以帮助你更好地吸引用户的注意力,提升销售量。

第二,语言具象化。在直播带货话术中,具象化的语言是传达信息最有效的一种方式。例如,介绍一个"小巧迷你的电脑",听起来效果就远不如"可以装进裤子口袋的笔记本电脑"这样具象的描述更有表现力。那么,究竟什么才是具象化的语言呢?我们可以通过一个对比来说明:"纸上的一个参差不齐的口子是被刀划出来的",改成"刀划破了纸"显然在传递信息和图像方面更加快速、有力。语言的具象化就是把看不到、摸不着的东西进行形象化、画面化和具体化的处理。此外,在用词上,要尽可能少用形容词,多用名词和动词。

第三,聚焦用户。做直播带货的最终目的就是说服某类人群购买。所以,聚焦用户是非常重要的。要在确定目标消费者的前提下,精准地使用目标人群的语言。如果试图用一篇文案去打动所有的用户群体，必然会失去对某个特定人群的穿透力。比如，下面这段直播带货话术："这就是女人的衣橱里永远缺少的那件衣服。"这很明显是针对爱美的女性用户，因为它的目标用户是女性。如果你的产品是面向男性的，那么你需要调整你的用语和运用更贴合男性用户的配图、视频素材等来吸引受众的关注。

4. 给出合理性建议，让用户感受到真诚

在直播带货的过程中，建立信任是非常重要的。用户只有信任你，才会购买你推荐的产品。因此，主播需要在直播中多与用户互动，增强与受众之间的信任关系，不仅仅是介绍产品。假如用户在下订单时迟疑不定，主播就应当关注用户的疑虑，并给出切实可行的解决方案，让用户感受到自己被认真地对待与重视，从而增强对你的信任度。

（1）主播卖的是产品质量和信任

用户在选择产品之前会经历一系列的心理活动，这一过程包括从不认识到看见，从看见到了解，从了解到尝试购买等几个阶段。要让用户愿意购买你的产品，主播需要在直播中增加用户的信任感，这是在直播带货的一开始就应该考虑

清楚的问题。

其实,直播带货并不是一笔流量交易,假如一直停留在卖货本身,那很容易困在一个死胡同里。主播应该更加关注产品上下游的供给方和需求方的改变,以便成为一个产业链的桥梁和纽带。所以,在直播中主播不能只是关注"卖货",不能仅仅充当一个销售员。

直播带货的核心并不是主播,而是产品,只有通过提供真正优质的产品来赢得用户的信任,才能使直播带货实现主播和产品之间的平衡。所以,主播不应该只把直播当作快速变现的工具,而应该将直播视为一种信任维护的方式,才能维护品牌和自身形象,巩固用户的信任,并找到发展的新机遇,实现长足发展。

主播和用户之间是一种相互依赖的关系。用户从主播那里获取产品信息,被主播的介绍所吸引后进行购买,如果产品质量过关,就会进一步关注主播。而主播只有尽职尽责,不辜负用户的信任,不为了经济利益而做虚假宣传,才能在用户中赢得口碑。

(2) 直播中要围绕产品答疑解惑

电商直播与传统秀场直播有所区别,传统的秀场直播更倾向于社交互动，用户主要围绕主播来观看直播，他们关注的焦点是主播；而电商直播则更多是在社交基础上的电商交易，用户主要围绕商品来观看直播，其关注的焦点是商品。所以，对于主播来说，最重要的是围绕当天要推荐的商品，及时准确地解答用户提出的各种问题。

带货直播是以"产品"为主要内容的直播形式，其核心属性在于主播通过展示和介绍各种产品，引导用户产生购买欲望并促进销售。在直播过程中，主播需要充分了解所带货物的特点、优势和使用方法，通过直观生动的方式向观众展现商品，并及时回答观众的疑问，提供实时客服，增进与用户的互动，激发用户的购买欲望，从而实现销量提升。

主播在带货直播中，需要帮助用户从多方面、多维度去了解产品情况，包括产品质量、售后、价格等，并提供针对用户购买的实时解决方案，确保用户购买行为的顺利进行。在解答问题的过程中，主播不能随意，因为在观众中一定也有许多懂行的，主播只要一不小心，就会马上"翻车"。很多时候，卖产品的同时也是在卖服务，如果产品的售后服务做得不好，用户势必会直接放弃购买。

作为一名优秀的带货主播，不能一味只在直播现场推销产品，而要向用户传递出自己真诚和负责任的态度，向用户承诺会对售后问题负责到底，解除用户的后顾之忧。对用户来说，售后方案无异于一颗"定心丸"，能够让用户对主播产生信赖，也能够让主播的热度持续增加，提高用户的忠诚度，还可以让主播更多地了解用户需求，使直播带货能够长久地做下去。

第十章

看清带货套路，直播下单须防坑

所有事物的背后都有一定的逻辑，聪明的人能够看到这个逻辑，而愚蠢的人则被所谓的逻辑洗脑。直播带货本质上是一种以货币为媒介的交换活动，因此主播通过中间差价赚取利润本无可厚非，然而，如果主播一味地利用欺骗性的营销手法，玩套路、耍手段去获取高额利润，这将会使消费者的利益蒙受损失。针对这些无底线、无下限主播的欺骗性转化套路，我们应该时刻保持警惕，不要轻易上当。

1. 掌握直播技巧，快速赢得陌生人信任

在直播带货过程中，建立起与初次到来的"陌生人"的信任是至关重要一步。那么，如何才能在最短的时间内获取用户的信任？除了直播强互动，主播的人格信任也尤为重要。

（1）积极直播互动，增强客户信任感

优秀的主播往往都有一个共同点，那就是掌握直播强互动的技巧。只有通过与用户的积极互动，才能让用户感受到成就感和信任感，并无条件地选择相信主播，并愿意付费。

通常情况下，新人主播需要花费较长时间才能与用户之间建立起信任关系，他们经常会采用一些手段来达到这一目的，比如通过暗示商品不易得等方式诉诸用户的利益，或者在直播

过程中设置抽奖活动,以赠送礼物等手段来留住用户,并会在直播前做预告,让用户提前了解。

相对于新人主播而言,带货能力更强、更有经验的主播往往能够更快地赢得用户的信任,他们会通过唠嗑、讲故事等手段,在直播开始的前几分钟内就迅速获得用户的信任;或用引导用户刷数字,让直播屏幕迅速火起来。此外,还有一种更为简单有效的方式是通过独特的称呼来与用户建立起亲密感,例如"老铁们、家人们、哥哥姐姐们"等。这类称呼不仅能够拉近与用户之间的距离,还有助于消除用户的戒备心理。

在直播平台中,有以下这些常见的互动玩法:

①搞笑道具互动。每个直播平台上都会提供一些有趣的虚拟道具,如跑车、飞机、游轮、钻戒、挖掘机、小黄瓜、萌哭、给跪、么么哒,等等。主播可以鼓励用户通过送礼物的方式,来表达自己的情感和想法。

②多人小游戏互动。在直播期间,主播可以邀请用户一起玩一些互动小游戏,例如真心话大冒险、数三十、抢红包、禁忌你我他,等等。这些游戏都需要多人参与,可以相应设置一些奖罚规则。如果主播输了,要接受粉丝的惩罚;同样地,要

是粉丝输了，要给主播送礼物。

③主播视频连麦。主播视频连麦是指两个主播通过视频连线，进行互动交流，可以一起娱乐、合唱或者玩游戏比赛，在游戏中输的一方会受到惩罚。现在，几乎所有市面上流行的直播平台都会提供连麦的功能。

④直播歌曲。直播歌曲也是一种很受欢迎的表演形式。主播通常会采用喊麦和卖萌的方式来活跃直播间的气氛，吸引观众关注和参与互动。喊麦节奏感强，歌词押韵，朗朗上口。而卖萌则是主播模仿幼儿唱歌的特点，加入一些可爱的表情和动作。在选曲方面，可以选择一些大家耳熟能详的儿歌，比如《捉泥鳅》《小跳蛙》《大王叫我来巡山》《小苹果》《小鸡小鸡》等，这些歌曲都非常适合，能够让用户跟着一起唱，共同享受音乐的快乐。

⑤VR互动模式。随着科技的飞速发展，越来越多的视频用户对视觉体验提出了更高的要求。如今的VR技术能够让虚拟场景变得更加真实，使用户可以体验身临其境的感觉。例如，在花椒直播中，用户可以通过VR直播模式戴上VR设备，观看立体的直播内容，感受360°的全景体验。这种方式极大地突破了时空限制，让用户可以跟明星和主播进行"零距离"

的沟通，完全颠覆了传统的视觉体验。

（2）直播更加注重人与人之间的信任

直播带货实质上是一种基于社交销售的模式，与传统的卖货方式有所区别，更加注重人与人之间的信任，尤其是粉丝与主播之间的信任。社交的前提就是建立人与人之间的相互信任，其次才是对产品的信任。因此，直播带货的商业本质就在于建立和加强信任，社交中的信任触发了购买行为。从最开始的朋友之间的口碑推荐，到朋友圈微商和其他网商平台的拼团抢购，再到如今的直播带货，所有这些方式都是以信任为前提的。

《信任的速度：一个可以改变一切的力量》这本书总结了构建信任的四个关键因素：诚实、动机、能力和成果。作者认为，只有具备这四个方面的素质，才能真正建立起可靠的信任关系。首先，作为一个值得信赖的人，必须是诚实、可靠且以说真话而著称的人；其次，你的动机必须是好的，不应该歪曲事实、偏袒某人或是带有偏见；再次，你应该具备在所从事领域的专业知识和技能，并有足够的经验与能力去应对各种挑战；最后，你获得的成果也应该是良好的，并且具备过去的优秀记录。

在构建信任方面，带货主播可以通过运用知识和叙事两种方式来构建和提升信任。首先，用户之所以信任主播，是因为主播拥有专业的知识。这些知识可以包括制造工艺、品牌历史、优选产品、使用指南、生活方式、人生价值等各个方面，这也是主播身份的重要背书。通过值得信赖的主播人设，打造出了用户与主播的信任关系。其次，在构建信任方面，叙事也是极其重要的一种方式。叙事是人类文明的根源，也是我们记录和传播经验的方式之一。直播带货的场景中，主播能够利用各种叙事内容和叙事方式，包括口才表达、品牌故事、使用方法、生产场景、促销活动、个人体验、生活乐趣以及游戏互动等，传递某种生活意义，并通过叙述故事的方式激发用户情感共鸣。无论主播的口才表达是否流畅，都可以通过恰当的叙事方式来弥补缺陷，从而将信任感与个性化的传播相结合，进一步提升用户的信任。

知识和叙事的作用在于可以创造用户的信任感，正是由于这种信任感让用户能够"所见即所得"，不管是在直播间展示的农产品、营造的精致生活场景，还是配送交接的整个过程，都呈现出真实透明的特质，无所隐瞒地展示了其所有面貌。

2. 改善观看体验，增加用户停留时间

用户在直播间停留的时间越长，就越有可能产生消费。因此主播需要采用一系列吸引用户的策略，通过发红包、给礼物、送赠品等各种手段，为用户提供更好的观看体验，从而增加用户停留时间。

（1）"套路"，这一切都是直播"套路"

为了吸引用户留在直播间里，一些主播会通过各种戏剧性的手段来吸引用户。例如，他们会在直播中扮演"亏到跳楼"的角色，让用户感受到主播正在亏本销售。在直播过程中，主播还会刻意打造特别的人设，有时甚至会直接卖惨，让用户相信主播确实赔了钱。他们会假装不小心说漏嘴，把商品的底价说了出来；或者承诺对所有用户送福利，等看到用户数量增加到了一定的数量时，又假意说人太多，礼品的库存不够。然后主播的朋友跑出来说，吹牛吹大了吧？想割肉了吧？想赔钱了吧？让你净说大话，看看你怎么跟用户解释！这时，许多忠实用户的同情心被激起来了，于是下单购买。到了最后，主播又引导用户付费加入一些组或群等，并说只有加入某组或某群的用户才能寄送福利。

还有的主播为了吸引用户下单，采用虚假秒单等手段。比如主播会喊："家人们、宝贝们，3、2、1，开始秒！"一些比较油滑的主播还会故意在秒单的时候将库存数量设置得非常少，让用户感到时间紧迫，产生抢购的欲望。接下来，他们会假意问用户"秒"到了没，没"秒"到的就扣1，于是评论区就有大量的用户开始扣1。等气氛烘托到了一定程度，主播再根据评论区用户的反应，实施更多的秒杀链接。除此之外，他们还会配合"限量"的高级玩法，比如先说一个限量的理由是"订单太多，工厂加工来不及，原材料有限，短时间内没货"等，然后假意阻止用户说："别再拍了，再拍真没有了，宝宝们我只等5秒钟，我数5个数后立马下架。"但实际上，在主播讲述完五六分钟后，货物仍未能秒完。其实，这种限量销售模式就是一种对用户进行欺诈的手段。

（2）拒绝套路和手段，提高竞争力

主播如果无底线无下限地靠"亏到跳楼"，播"秒单"来"挽留"用户，这样的套路叫人怀疑。除此之外，还有将产品价格标得虚高，只说产品优点而避开缺点等销售手段。不过，只靠玩套路、耍手段的主播，竞争力是不可能提高的！

主播想赚钱并没有错，但如果只是依靠欺诈和欺骗的方式来获取利益，不仅会失去消费者的信任，还可能受到行业监管部门的制裁。俗话说"君子爱财，取之有道"，赚钱要走正道，主播一定要在直播过程中老老实实、说到做到，不要使用虚假宣传或者欺诈手段来迷惑消费者。真正的优秀主播应该拥有专业的知识和技能，通过努力工作、提升自身素质以及在销售过程中真诚的态度和良好的口碑，来吸引更多的消费者。

我们常常在说"人气"，"人气"是主播的重要资本，可以吸引更多的用户，提高主播在行业中的知名度和竞争力。但人气到底是从哪里来的呢？其实，从根本上来说，"人气"并非来自用户，而是来自主播自己。主播自己要先有"人"气，才能带来用户方面的人气。所谓主播的人气，指的是做人之气和经营之气，是主播个人综合素质的体现。优秀的主播总是具备良好的自律意识，注重打造自己的IP价值，通过专业知识、创新思维和高质量的作品，逐渐聚集大量的忠实粉丝和用户，最终成就了属于自己的一番事业。如果那些无良主播能够向这些优秀主播学习，以专业、真诚、诚信的态度，不断提升自身素质和服务水平，就能在这条路上继续前行，达成自己的事业目标，同时也推动整个行业向着更加健康、有序的方向发展。

3. 围绕"痛点"开播，激发消费欲望

成为一名优秀的主播，最关键的就是能够深入了解用户的"痛点"，并在此基础上打造出深受用户欢迎的直播内容。在直播行业中，用户的"痛点"主要包括安全感、价值感、自我满足感、情感需求、支配感、归属感和成就感这七个方面。只有围绕这些"痛点"来开展直播，才能吸引用户的关注，满足他们在现实生活中的心理空缺，让他们在直播中得到精神上的满足。只有当你的内容切中用户的"痛点"，才有可能令用户离不开你，对你产生依赖，进而引导用户产生大量的留存与转化。

（1）努力挖掘用户的"痛点"

建立了与用户的信任关系后，主播就要与用户互动并通过这种方式努力挖掘用户的"痛点"。举个例子，有位卖眼贴的主播在介绍产品的时候可以先问粉丝："宝宝们，有谁和我一样经常熬夜的？在评论区扣1。"同样地，卖防晒的主播也可以问："宝宝们，有谁和我一样天天对着电脑和手机？可以在评论区打个'是'。"

主播可以根据评论区的用户反馈告诉粉丝，如果不用眼贴

或防晒会带来哪些严重的后果，例如皮肤会长皱纹、加速衰老等。接着，给用户灌输多场景、反复使用产品的观念，例如，眼贴不仅可以用在眼睛周围，还可以用在头上、脖子上和身上。同样地，防晒要涂抹全身，还要一年四季坚持使用。

主播挖掘用户的"痛点"，并为用户带来有价值的内容，这不仅有助于提高用户单次购买的商品数量，还可以为后来可能的复购埋下伏笔。

主播挖掘用户"痛点"的策略与方法通常有以下几点：

①和用户产生共鸣。当用户喜欢一个主播时，一定可以从主播身上找到某种情感寄托。一切"痛点"的根源都是情感。主播在定位中找到自己的独特气质，这样才能找到一个能引起用户共鸣的点。

②超越用户期望的细节。用户经常会分享他们的快乐和忧伤，这种情感的分享和传播会影响其他用户的注意力。主播需要在关注这些细节的同时超越用户的期望，提供更加专业、深入的内容，让用户感到惊喜和满意。如果用户期待主播演唱一首歌曲，而主播的演唱水平恰恰比较专业，这就是超越了用户期望，能够让用户产生共鸣，也给用户留下了一个良好的印象。如果主播非常善于聊天，能够流利地使用多种语言，外貌

也十分出色，让用户感到愉悦和舒适，这也超乎了用户的预期，让他们感到非常惊喜。所有的惊喜都会留下深刻的印象，不断制造惊喜能够让用户感到被关注和珍视，牢牢地把你放在心上。因此，提供能够让用户惊喜的服务是一种关键的竞争优势。

③换位思考。只有具备真正的同理心，才能做到换位思考。用户能够从直播中获得什么？哪些服务的细节容易打动用户？在了解了这些以后，再努力去一一满足这些需求，比如，用户不仅希望看到主播的表演，可能还希望能够与主播进行互动，从而感受到更多的活力。所以，一些主播在直播过程中会认真阅读用户的留言，并一一点名致谢，这使得用户能够获得更好的社交满足。主播的细心和体贴也会令用户深受感动。

（2）激发用户的消费欲望

大多数人的消费欲望都会受到他人的引导，这种引导适用于所有的消费形式。带货直播则是主播通过商品内容引导用户购物的一种形式，主播结合个人风格的演绎解读，借助自己的影响力和准备好的商品内容，不断提醒和引导用户下单购买。在实际场景中，直播间的货架上放着产品，主播则配合内容做着直播，然后附上产品的购买入口。这时，从产品到用户就构成了直播内容下"引导需求—被动产生需求—确认需求—需求落地"这样一条完整的需求链。在这条需求链中，涵盖了用户需求或供应链的市场需求因素，满足了价值链中市场销售和服务的需求。

在需求链中，主播在人与货之间增加了一层情感和期待，使得用户更容易产生消费行为。主播和用户其实是直播间里的一个集体，在这个集体中，主播作为意见领袖，通过介绍和互动加深了用户对某一款产品的了解，从而产生购买的欲望。在观看直播时，许多用户除了即时、冲动、决策时间短等心理反应之外，还有着对主播的信任、喜欢、支持和认同。当用户量达到一定规模时，就会逐渐形成一种集体的认同感。有一些用户会变成主播的核心群体，成为"死忠粉"，他们会自发地为主播做宣传和推广，帮助自己喜欢的主播扩大名声和口碑，大幅提升主播的号召力。品牌公司认识到这种优势和价值，希望借助主播的影响力来拓展品牌影响力和知名度。

主播可以通过引导粉丝发表评论和引导粉丝点赞分享直播对用户进行话术引导。

引导粉丝发表评论：

猜价格：提供一个商品或服务的图片或信息，让粉丝猜价格并留言，然后公布正确答案。这种方式不仅可以激发粉丝的参与热情，还可以在留言中了解粉丝对于产品或服务的看法和需求。

卖关子：留下一些悬念或者内容不完整的信息，让粉丝在评论区里留言猜测结果或者补充信息。这种方式可以制造话题，让粉丝在期待中等待事件的进展。

吊胃口：提前预告一些即将到来的重大事件或者惊喜，让粉丝在评论区里表达自己的期待和想法，从而建立起期待的氛围。

引导粉丝点赞分享直播：

点赞增加亲密度，发红包：在直播中提到粉丝点赞数量的重要性，可以增加用户对于点赞的认知度和积极性。同时，还可以通过发红包等方式来回馈用户多次点赞行为。

制造话题：在直播中讨论一些大众感兴趣的话题，发表自己的看法和想法，引导用户留言和分享。这种方式不仅可以扩大用户范围，还可以为品牌或者主播树立良好的形象和口碑。

经常引出一个闲聊的大众话题：让粉丝在评论区里留言，分享自己的看法和经验，形成一个互动模式，可以增加演播室和用户之间的黏度。

4. 强调价格实惠，刺激更多用户下单

主播在直播中想方设法地向用户强调，购买自己直播间里推荐的产品是最实惠的，还经常会通过比较价格等手段给用户制造一种错觉，让用户产生一种买到了最便宜产品的错觉，从而刺激更多的用户下单。

（1）直播间卖货更便宜的原因

在每年的6月都会掀起来一场促销潮，各大网购平台也都会推出各种活动，其中包括"618"这一重要的促销节点。主播会充分利用这个促销风口，在直播中推销商品并吸引更多的用户前来购买。

直播带货发展得这么火爆的原因一方面是因为主播们十分

卖力地在做推广，另一方面也是因为直播间的商品通常价格相比其他渠道更为优惠，更容易吸引消费者的眼球。举例来说，一款24包的抽纸在某平台的售价是79元，而在直播间只卖48元。除此以外，直播间的化妆品、护肤品等商品的价格也更低，而且还会附送各种各样的赠品。

直播带货的商品之所以价格比网店还低，主要因为直播带货的商业模式是"厂商—直播平台—客户"，少了一大堆的中间商，营销成本自然也就大大地节省了，这部分成本就用来将价格降下来。所以，在直播带货大火的时候，越来越多的商家开始走薄利多销的路子，借助的就是这个风口。

许多主播会鼓励用户观看他们的直播带货节目，如果在直播间下单购买，还可以额外获得一些赠品，这让不少人觉得非常划算，于是就会被吸引到直播间来。而一旦进入了直播间，就很难再出来了，因为主播会在直播过程中不断地展示新产品和促销信息，很容易就促使用户冲动消费。这种形式相比于传统的线下销售和网上购物，具有更加人性化、直观化的特点。同时，直播间的商品通常价格相比其他渠道更加优惠，这也是吸引用户的重要原因之一。

在直播间卖的货更便宜的原因主要有以下几个方面。

第一，库存货。许多商家采取"库存+直播带货"模式，也就是说直播间促销的商品往往是商家的存货，特别是像服装这类季节类商品，商家会采取直播带货的方式以尽快卖掉库存。衣服这种类型的产品常常是一个款式还没有卖完，新的款式又上市了，以前的衣服一旦没有卖掉，那肯定就成库存了。于是这个时候，直播卖货就是一个相当不错的手段了，可以有效解决商家的存货压力。

第二，促销货。对直播间来说销量是很重要的，直播间平台广阔、用户众多，主播往往会降低商品利润空间以刺激用户消费，通过量多弥补价低的方式来获得销量。

第三，为了引流。为了吸引更多用户进入直播间并转化为忠实观众，主播有时也会牺牲自身的利润，将其中的一部分转化为用户福利，从而提高直播间的热度和自身的知名度。这种做法可以增加用户黏性，让他们更愿意在直播间消费，还能够有效地吸引新用户进入直播间，帮助主播扩大影响力和声誉。

第四，企业直销货。很多主播在积累了一定的人气之后，会直接联系相关企业展开合作，相比去掉了中间环节的差价，价格自然就会低了很多。而且，大主播的流量较大，销量也大，对于企业来说是非常有吸引力的。大主播和他们的团队也会尽自己最大的努力把价格压到最低,并且在商品的选择和质量把控上也非常注重,从不出售低品质、低性价比的商品。

直播间的货便宜固然会令消费者产生购买的冲动,但在追求低价格的同时,也要注意产品的质量问题。只有把实惠和品质结合起来,才能够真正满足消费者的需求,提高消费者购物的体验。

(2)严把直播产品的"质量关"

某些主播出于一味赢利的目的,进行虚假宣传,甚至销售"三无"产品,会对消费者的健康造成损害。由于大多数中小主播没有自己的团队,缺乏相应的审核机制,甚至为了经济利益而忽略产品的品质和安全问题,从而导致直播带货的产品频频出现问题。

在确定合作产品之前,主播团队需要仔细筛选产品,只选择符合要求的产品进行推广。他们必须具备一定的分辨能力,进行相应的审核和验证,确保广告宣传用语与产品本身事实相符,还必须遵守法律法规,对得起自己的良心。

监管部门应当加强对主播平台的监督,建立起消费者维权的渠道,或者设立直播带货的专门维权窗口,以期早发现、早治理。一旦主播销售的产品涉及虚假宣传、与实际质量不一致,损害了消费者的权益,主播必须承担相关法律责任。

　　主播切记:不要一味追求人气和利益,而忽视了责任。既然是销售,最基本的原则就是货真价实。只有确保了产品的质量,你的直播事业才能走得更远。

　　在直播中,许多主播都会遇到这些难题:如何才能选择一款好的产品?怎样才能提升粉丝对商品的购买欲?怎么才能让直播间的商品内容更细腻地呈现出来?其实,这些问题完全可以从以下两个方面去解决。

　　首先,要关注产品的市场需求。例如服装和食品等要选择应季产品;如果没有应季产品,可以选择活动包装,比如限时促销、直播抢购、库存有限清理等。此外,还可以结合市场对产品的需求点,增加色彩、图案、功能等一些流行元素。

　　其次,在直播中展示的产品需要具备稀缺性。看不如买,买不如抢,抢不如缺。直播中的产品一定要设置库存限制,如点赞送礼,只设三件;限时抢购活动,时间一到就立刻下架等。在直播中,不管是爆款还是关联产品,都可以一个系列设置多个款式或规格,但是每个款式或规格数量一定要有限制。合理的库存设置可以参照直播间的粉丝数量、购买能力,提高粉丝在直播中的购买欲,同时带动直播后的延续销售。

5. 大方送出小礼物，巧用赠品提业绩

有些带货能力强的主播往往会送出很多赠品，并且在赠送的时候表现得十分夸张。要么就是很大的金额，远远超出售卖商品的价格；要么就是赠品的数量非常多，买 1 件得 12 件，相当于额外赠送了 11 件商品。但是，赠品的金额其实已经包含在卖给用户的商品价格中了。此外，主播还会当面向企业争取各种利益，美其名曰"我是为了我的用户，我要让我的用户花最少的钱买到最好的东西"，等等。在追求个人利益的同时也吸引了用户，增强了用户的忠诚度。

（1）赠品可以免费，但不能免责

赠品确实可以促进消费者购买，并提升转化率。然而，有时候过分强调赠品的作用，反而会收到适得其反的效果。为了充分挖掘赠品的作用，有些主播在直播中一味夸大赠品的价值，导致消费者对赠品的价值抱有很高的期望。可一旦用户发现赠品远不如预期那么满意的话，反而容易产生不满情绪，严重的时候甚至会给一个差评。

所谓的赠品，是指卖家在各种交易行为中，送出的超出消费者预期价值的物品或服务。例如，消费者从你这里下单购买

了一套儿童智能玩具后，随后你把他拉到了一个社交群里，在群里你不定期地分享一些家庭育儿的经验；或者当消费者买了一件衣服，突然发现衣服里面有一张刮刮卡，刮开后惊喜地发现自己中了奖，通过扫描二维码就可以领取现金红包……这些统统都可以叫作赠品。

赠品本身也是一种商品，同样应该按照商品的标准来要求和管理。从商业伦理的角度看，送赠品是建立在消费者购买商品的基础之上，卖家的销售行为与附赠行为是联结在一体，卖家对赠品也应该承担和所出售商品同样的责任，可以免费，但不能免责。

国家的相关法律也有明确的规定，赠品和商品具有同等的法律地位，都必须确保品质可靠、质量过关。所以，如果赠品的质量发生问题，消费者有权利要求退换，包括主播及生产企业在内的相关人员都要承担相应的责任。如果赠品造成人身和财产损失的话，相关人员还要承担相关的法律赔偿责任。

（2）赠品最好能让消费者惊喜

当你有了这样的一个认知之后，当给用户送赠品的时候就应该保证一个根本点，即赠品要合乎消费者的心意，最好能达到让消费者惊喜的效果。那么，究竟什么样的赠品才会让消费者感到满意，甚至是惊喜呢？以下几个关键点要注意：

①实用性。送消费者购买产品必备的小物件，它不需要多精致，只要消费者能够用得到就可以。

②多样性。所谓多样性，就是说并非每一样东西都送很多，而是送很多样，也就是列出多项赠品的豪华阵容，让消费者自行选择。同时要在赠品上做到差异化，让消费者感觉赠品特别超值。

③虚拟性。虚拟性就是送和产品相关的虚拟赠品。比如，卖书籍的可以送专家讲座视频，卖乐器的可以送学习视频等，卖尤克里里的送在线教学视频或免费教学视频资料等。

④好品质。好的赠品不一定是特别贵的东西，但是一定要是品质特别好的东西。因为用户转化的根本原因还在于你产品的本身，赠品只是锦上添花，不具备雪中送炭的功能。所以，赠品只要新奇、品质好，就可以给消费者带来不错的愉悦感。

⑤有悬念。所谓有悬念，就是送赠品最好不要提前告知，否则就不叫惊喜了。因为消费者在收到商品之前，已经预计到了自己会得到什么东西，我们要的就是给消费者带来惊喜的感觉。

在送促销赠品的时候有个基本原则，就是要么就不送，要送就要送得有价值,做到让客户爱不释手。我们从以下几个方面来操作。

①价值塑造。无论送给用户什么样的赠品,也无论是出于什么目的送赠品,一个基本的原则就是不能将送赠品等同于给用户打折降价。假如你抱着这个心态送赠品,只会适得其反,让用户心生反感。因此,我们需要牢记的一点就是:赠品并非用户选择购买的理由,而是要让用户买得高兴,买得更多、更快。在赠品的选择上,需要将其价值针对不同用户进行塑造。比如,送给老人手电筒的时候,应该突出手电筒的实用功能,而如果针对年轻人的话,则要突出手电筒的时尚和玩乐功能。所以,在设计赠品的过程中,考虑到实用性的同时,也应该考虑到游戏娱乐性,才能真正满足用户的需求,增强用户的体验感。试想,假如我们送的只是一个普通的手电筒,那么谁会喜欢呢?因此,我们在设计赠品时要注重细节,从实用性和娱乐性两个层面来提升其价值。

②情感功能。赠品不仅仅要考虑实用性,还需要具备情感上的功能。假如只是照顾赠品的实用功能,那么相信很多赠品都无法令用户感到满意。因此,要设计一些与竞争对手不同且具有情感功能的赠品。比如,现在的人们普遍都很关注环保、

健康、节能等，就可以送一些自行车、人参、防毒面罩等，更容易让客户喜欢。

③提示商品。所谓提示商品，意思是用户可以通过赠品回想起来你们家是卖什么的。比如，如果你卖的是汽车，那就可以给用户送车载吸尘器；如果你卖的是茶叶，那么可以给用户送一套茶具；如果你卖的是珠宝首饰，那就可以送给用户一个精美的首饰盒。也就是说，你想卖什么商品，就送跟商品有共同记忆点、有关联的产品。

④实用价值。赠品的实用价值也是需要考虑的重要因素。在直播营销中，如果能够送给用户具有一定实用性的赠品，如可以提高生活便利性的产品，就能让用户重新认识商品的价值，并产生再次购买的欲望。

⑤品质过硬。很多主播在进行促销时，虽然花费了很多的宣传费用，但是在赠品的选择上却偷工减料，送一些粗制滥造的赠品给用户，这种做法是非常不妥的。比如，送了一个小电风扇给用户，但是用了没几天，电风扇就不转了；送了一条毛毯给用户，结果用了一段时间就缩水了；送了一个水杯给用户，冬天装了热水就炸开了。这样的不愉快购物体验，会让用户感到被忽悠了。如果想要长远发展，就必须把品质放在第一

位，认真做好促销活动。只有品质过硬的赠品，才能真正满足客户的需求，并对我们的产品和服务产生信任感。这样客户才会口口相传，成为我们最强有力的宣传工具。

6. 增强用户信心，打掉下单时的犹豫

用户在下单时，常常会犹豫不决，主播可以通过给产品背书、包退换等一系列方式，增强用户的信心。

（1）有背书的产品更有价值

作为一个带货主播，在直播推销的过程中，必须拥有较强的产品背景知识和个人 IP 魅力，来让用户觉得商品更为靠谱。而产品背书则是展现这一点的重要方式之一。无论是大众商品还是品牌产品，在直播场景下都需要进行全面的产品背书，让用户能够更好地认识和了解商品的优点和价值。

如果推销的是品牌产品，则作为代言人的主播要将品牌的营销融入无形之中，真正让品牌深入用户心中。作为品牌代言人，主播需要注重个人 IP 形象的塑造，因为只有拥有个人魅力，才有助于品牌产品的宣传和销售，才能在用户心目中树立良好的形象。

如果推销的是大众产品，作为带货主播就需要对所有售卖

的产品烂熟于心，随时解答用户提出的各种相关问题，其中最关键的是要以体验作为实证。例如，如果用户对某款化妆品的安全性存在顾虑，主播就可以展示正在使用该产品的婴儿、孕妇，或者自己和家人正在使用的视频给用户，让用户打消顾虑。在直播过程中，主播可以引导曾经购买过该产品的用户在评论区发表自己的真实感受，或者通过随机抽奖的方式邀请他们连麦，分享自己的使用心得。这种方式可以让更多已用过该产品的人发声，进一步增强其他用户的信任感，也更有利于推动产品的销售。

想要利用超级人设快速吸粉，可以试试这些方法：

①构建超级人设，主要包括姓名、身材颜值、搭配风格、语言风格、性格气质、专业技能等。

②突出超级人设的优势。要么成本领先，要么与众不同，吸引精准粉丝；提升关注度，提升互动、停留时间，提升转化率，使人设品牌、人设店铺更加突出。

③超级主播人设分类。专业型，专业技能是赢得信任的基础；娱乐型，幽默感是生活的调味剂；才艺型，擅长歌唱和舞蹈更吸引眼球；反差型，独特而稀有，因此更加珍贵；颜值型，漂亮的外表是吸引人最直观的方法；气质型，展示内在的

美非常重要；可爱型，呆萌也是一种时尚潮流；CP型，合作伙伴之间的优势互补可以使人设更强；明星型，流量明星一出场就自带光环。

（2）退换货的承诺一定要兑现

在直播带货中，退换货现象是不可避免的，为了防止这种情况的发生，针对价格顾虑，主播会说，这绝对是最低价，我们不会降价了；针对产品质量顾虑，主播会说，这个是包退换的，觉得不好你随时可以退，等等。不过，这些承诺是否能够得到兑现还是要具体情况具体分析。对于专业靠谱的主播而言，他们会对产品进行全面了解，同时也会考虑消费者的购物体验，尽可能地提供最优质的服务。因此，这些主播所许下的承诺一般都是能够得到兑现的。然而，那些对产品并不了解的主播，承诺是否会得到兑现就无法保证了。因此，在直播间选购时，消费者需要选择信誉和实力较强的主播购买商品，同时也需要在商品到达时及时检查，并保留好相应的证据，以便能够及时进行退换货。

消费者要求退换货，一方面是消费者自身的原因，另一方面也有主播和企业方面的原因。直播带货所面对的是下沉市场和价格敏感型消费者群体，他们往往会冲动消费，而且会有更多的诉求。举例来说，有些用户花了几个小时在直播间后，最终18元钱买了一件T恤，当收到货以后发现实物和期望之间存在差异的时候，就会产生心理上的落差，促使他们以退货来维护自己的权益。此外，发生退换货情况还和产品的质量、售后、夸大和虚假宣传、发货速度等有直接关系。有些主播为了获取更高的收入可能会言过其实，而企业方面也会采取出格举动以达到营销目的，这些都是人性欲望的具体表现。

直播带货已经成为当前的热门，参与者也面临着摇摆不定、动荡起伏的现象，这是事物发展的必然规律。倘若我们真的热爱这个行业，就应该以一种宽广的胸怀去接受它。只有当主播、企业和消费者三者之间的利益得到平衡时，这个行业才能够持续发展，参与者才能够获得更好的回报。

以抖音直播平台为例，消费者有三种方法退换货：

①直接联系商家。用户只要打开抖音App，在"我的"界面中点击右上角图标，在弹出的菜单中选择"订单"，找到需要"退货"的商品，点击"订单详情"，再选择"联系商家"，就可以和商家沟通，进行退货操作。

②购物助手。消费者可以在抖音App菜单栏找到"消息"，进入"购物助手"，查看收到的商品消息。然后单击选

择"订单详情",在出现的页面中选择"申请退款",填写退款原因等信息就可以提交退款申请。

③联系客服。如果以上两种方式都无法解决问题,用户还可以联系客服,在"订单详情"页面找到"官方客服",联系平台的客服人员,进行退货问题的沟通。不过需要注意的是,客服的工作时间是每天的9:00—21:00。

7. 你来我往连麦忙,增加自己关注度

在直播间中,主播和主播之间有两种形式可以连麦,一种是某个主播退出自己的房间进入另一个主播的房间实现连麦,还有一种是两个主播分别在各自的房间里实现连麦。在卖货成绩好的直播间里,通常都会有几个主播连麦相互配合,他们你来我往、唇枪舌剑,营造出非常热烈的氛围,以此来刺激用户下单购买。同时,主播连麦也是一种涨粉的方式,特别是对于大主播来说。因为只要是主播,尤其是大主播在直播间,一定会吸引很多用户和粉丝。通过连麦,主播还可以借助其他主播的粉丝,扩大自己的影响力和粉丝数量。

(1) 连麦前要做好充足准备

对于新手主播来说,既没推荐也没粉丝,通过连麦的方式

来增加关注度和人气是一个不错的选择,同时还可以向其他主播学习一些才艺和互动技巧。在选择连麦对象时,小主播并没有特定的限制,只要有机会就应该积极尝试。不过,在连麦之前,新主播一定要做好充足的准备,包括视频效果、服饰、才艺、心态等。在连麦过程中,新主播连麦必须放得开、玩得起,不要怕输,因为输了涨人气,赢了涨榜单。同时,还要尽可能地满足大众的需求,学会穿合适自己的衣服,不要太随意。至于才艺的表现形式,没有特殊的限制,唱歌跳舞、书法绘画、烹饪刺绣等都可以,关键是要努力做到精益求精。如果你发现自己准备表演的节目已经被大主播或者其他连麦嘉宾提前表演了,那么就要及时更换节目,避免节目重复引起尴尬。

新主播在与人连麦的时候,还有一点也很重要,那就是要选择合适的时间。一般情况下,为了先聚集一定的人气,所以连麦都是在开播一小时后才陆续开始的,因此作为一个新主播,不要在其他主播刚开播的时候就不停地要求连麦。同样地,也不要等到其他主播即将结束直播时还去连麦,这样做容易使人产生反感。选择符合客观规律的时间,同时要很好地融入自己的直播内容,这才是正确的做法。当主播正在向自家的粉丝倾诉情感或者心情不好的时候也不适合进行连麦,因此,在连麦之前做好事先沟通也是十分重要的。最好在每次连麦前，都和对方私下沟通好，这样对方才不会感到很突兀和尴尬。当新主播第一次去一个主播那里连麦的时候，可以适当地刷一些礼物来表达自己的诚意，礼物的多少并不是最重要的，关键是一个态度问题。中华民族向来讲究礼尚往来，连麦并不需要虚伪的恭维，关键是要真诚。

此外，连麦的时候最好要有直播间运维人员的技术支持，要对网络、视频、音频、适配这几个方面进行全程优化。例如，对音频的优化要达到降噪、回声消除、舒适噪声等效果。

（2）经常和粉丝进行连麦

主播与粉丝连麦是直播平台中的一种重要互动形式，它可以提高普通用户的参与感和幸福感，加强用户黏性。主播选择与一个或多个粉丝进行连麦，其他粉丝则可以在直播过程中观看这个互动的过程。在淘宝、快手、抖音、虎牙、斗鱼等平台上，主播都会经常和粉丝进行连麦互动。

值得注意的是，有些实力较弱的主播为了让粉丝给自己多刷礼物，可能利用平台方的第三方工具来给自己制造一些"假粉"（也就是俗称的"僵尸粉""电脑机器粉"等）。有的平台给这些实际粉丝量很少的主播刷礼物，结果在直播中货卖不了几套,甚至有些场次根本没有卖出任何产品,导致平台受到损失。一些有经验的平台则会仔细观察主播直播间的真人粉丝量数据,才会决定是否刷礼物和视频连麦。

以下是主播常用的礼貌用语模板:

欢迎宝宝来到直播间,喜欢主播的给个关注哦!

欢迎来到我的直播间,点关注不迷路,一言不合刷礼物!

欢迎来到××直播间,主播带你飞,喜欢主播的请点亮小红心噢。爱你们!

宝宝们,你们知道什么是爱,什么是喜欢吗?喜欢就是帮我点个关注,任性就是给我刷个礼物。有一种陪伴叫作带我看花海!宝宝们对我是喜欢还是爱呢?

欢迎宝宝们来到我的直播间,我是新人主播,希望宝宝们能多多支持,多多捧场。

hello 大家好,欢迎各位帅哥美女们来到我的直播间,刚刚进来直播间的是帅哥还是美女呢?弹幕刷起来,让我看到你。

欢迎各位小伙伴们来到我的直播间,主播人美歌甜性格好,关注就像捡到宝,小伙伴们走过路过不要错过,快来跟我一起嗨翻天吧!喜欢的宝宝在哪里?

以下是关注/点亮/分享模板:

万水千山总是情,点亮分享行不行!!!越点你会越年轻!

感谢××的关注,还没关注的抓紧关注哟,宝宝会在我的直播间里收获不一样的惊喜!

听说关注我的都发财了,女生越来越靓,男生越来越帅。

关注主播不迷路,主播带你上高速!感谢宝宝们点亮小红心!喜欢主播的可以帮忙分享一下!

以下是主播结束语模板:

轻轻地我走了,正如我轻轻地来,非常感谢宝宝们的厚爱!虽然很不舍得和大家告别,但是时间不等人,我马上要下播了,最后送上一首××给大家,让我们一起结束今天的直播,记得每天的下午2∶00—5∶00宝宝们都要来直播间找我，明天见！

现在是5时45分，主播还有15分钟就要下播去吃晚饭啦，感谢关注的宝宝和送礼物的宝宝们，谢谢大家！你们太棒了！么么哒。宝宝们也要记得按时吃饭。明天同一时间，我会在这里等着大家。

还有10分钟就要下播了，非常感谢大家3个小时的陪伴，今天主播和宝宝们一起度过了一段非常愉快的时光。最后再为大家唱一首歌，希望大家喜欢。喜欢我的宝宝们，记得点点关注，明天见！宝宝们记得想我，我也会想念大家的。

马上就要下播了，时间过得真快啊！和宝宝们聊天非常开心，希望大家也玩得愉快！喜欢主播的宝宝们可以点点关注，这样明天主播开播的时候，宝宝们就能第一时间收到提醒啦！明天同一时间，一定要再来。主播会在直播间等着大家！

马上就要下播了，非常感谢关注我的宝宝们，你们的支持是我最大的动力！明天晚上8时我在这儿等你们，你们一定要来赴约！明天主播希望能再看到各位宝宝们，送你们一个么么哒。